Al Yannan

IGNACIO ABELLA

Al Yannan

El jardinero

ALMUZARA

Primera edición: febrero de 2022

EDITORIAL ALMUZARA • COLECCIÓN ESPIRITUALIDAD
Director editorial: Antonio Cuesta
Edición de DANIEL VALDIVIESO RAMOS

www.editorialalmuzara.com
@AlmuzaraLibros
info@almuzaralibros.com

Imprime: GRÁFICAS LA PAZ
ISBN: 978-84-18648-31-1
Depósito Legal: CO-9-2022
Hecho e impreso en España - *Made and printed in Spain*

Para los que encuentran el prodigio
en la realidad de lo cotidiano.

Índice

Prólogo

La semilla y el árbol

Llevo años con esta historia escrita en la frente.

Cuando Ignacio Abella me regaló aquella primera lectura de *Al Yannan, el jardinero* sentí la necesidad de entrar en este espléndido jardín que me haría olvidar mis fracasos. Convertirme en aprendiz de jardinera, que lo soy desde hace nueve años, de Abella. Al Yannan es el maestro que siempre hemos buscado para completarnos, para rellenar el hueco de nuestra ignorancia, la paciencia que permite entender los ciclos de la vida, y de la nuestra propia, y el saber cultivar con la más pequeña de las semillas nuestro particular Árbol de la Vida y de la Ciencia.

Decenas de veces he imaginado a este misterioso jardinero, al sultán Abdalah y a la bella y audaz Sahar sobre un sincrético jardín recreado sobre un escenario para, con las profesionales voces de un cuadro de actores, hablarnos de la belleza y la poesía. *Las últimas verdades a las que puede aspirar todo espíritu libre*, que dice Al Yannan. Es mi sueño y espero hacerlo, o ayudar a hacerlo realidad algún día.

Podríamos dividir a la Humanidad en aprendices y maestros o maestras. Pero los últimos siempre fueron en algún momento los primeros. Este relato escrito por Ignacio Abella reúne todos los elementos que pueden cautivar a un lector según las más estrictas funciones descritas por Vladimir Propp en su consagrada obra *Morfología del cuento.* Por citar algunas: es un cuento maravilloso sin duda, los bien definidos personajes cumplen un cuajado abanico de funciones, siempre trascendentes, desde que se nos presentan, y además se producen las más importantes transformaciones, las de la búsqueda de la esencia, incluida la transgresión como máxima forma de conocimiento.

En esta bella epifanía del Jardín Original, del Edén, del Paraíso, del Reino de Luz, fruto de mil jardines destilados, hallamos consuelo, mucho consuelo para el presente que estamos experimentando. *El Edén es antes que nada una actitud. El Paraíso es más un descanso que un esfuerzo, un tiempo que un espacio.* Toda salvación llega a través del cuidado del jardín. Una gran historia que, como demandan los productores cinematográficos, se puede resumir en una línea: *Una flor diseñada para atraer a un abejorro.*

Tras la primera lectura de *Al Yannan, el jardinero* quizá, como yo, sentirás la necesidad de volver a sus páginas una y otra vez, para hallar sosiego en las preguntas que siempre nos hacen acertar más que las respuestas y en la certeza de que el jardinero es un nómada que se asienta por un breve espacio de tiempo. Y lo harás con la majestuosidad y belleza de dos infalibles tradiciones que cumple el texto: el arte de la jardinería y la mística sufí. Al tiempo que nos envuelven la fragancia de flores y las plantas, que encuentran su protagonismo en diferentes capítulos de la narración y que describen estados más allá de la memoria aromática, coincidiremos con la experiencia de lo sublime que describía Max Dessoir: *un olvido del propio yo, donde una sensación de bienestar y seguridad sustituye al miedo al afrontar un desafío.*

Todos somos herederos del Jardín Original, todos somos guardianes de las semillas que encierran los secretos de la vida, todos tenemos manos verdes con el potencial de crear, desde el cuidado, el cariño y la justa intervención, el proyecto de atraer la luz y reflejarla en forma de vida y hermosura, como nos enseña Al Yannan.

Esta historia nos confirma que la jardinería (y su proyección más allá de los límites de nuestro jardín) es un don que cualquiera puede obtener. Y es verdad porque el autor, Ignacio Abella, es antes que nada un afanoso jardinero que cultiva huertos en flor para alimentar su espíritu y sus artes narrativas. Es mi Al Yannan, sin duda, el maestro (aunque sé que le disgusta en gran medida que así le llame) de mi propio jardín, *El bosque habitado,* un programa donde los árboles y las plantas y todos los seres que los provocan y habitan, son protagonistas y que llevamos emitiendo en Radio 3, cada domingo, desde hace más de nueve años. Nunca agradeceré lo bastante que Ignacio apareciera, ¡divina providencia!, justo cuando me encontraba diseñando el episodio piloto. Desde entonces no nos ha faltado filosofía, ni poesía, ni música, ni conocimientos hortícolas sobre el cuidado de la tierra y de lo que de ella puede brotar, ni amor, que como las plantas, dividiéndose se multiplica.

Seas aprendiz o maestro, disfruta, lector, de ambos estadios de la experiencia vital, pero recuerda que son la misma cosa, como la semilla y el árbol. No hagas esperar a Al Yannan.

M. José Parejo Blanco
Directora de *El bosque habitado* de Radio 3

Introducción

El heliotropo con morados pasos
cruza envuelto en su aroma. Hay un profeta:
el fresno –y un meditabundo: el pino.
El jardín es pequeño, el cielo inmenso.

Jardín, Octavio Paz

Al parecer sólo el poeta conserva la capacidad del niño de recordar y reconocer la esencia, la maravilla, el misterio que se encuentra justo delante de nuestros ojos y el buscador tarda una vida en vislumbrar.

De esa búsqueda va nuestro libro. Un relato inspirado en dos grandes tradiciones: el arte de la jardinería de todos los tiempos y lugares, y la corriente espiritual de los sufíes.

El autor se siente jardinero desde que, con apenas cinco años, desgranaba cabezuelas de caléndulas para sacar sus gruesas semillas con forma de media luna, o sembraba el perejil bajo la supervisión de su abuela. A partir de ahí nunca ha dejado de ser miembro de esta ilustre hermandad de eternos aprendices; un jardinero por derecho adquirido en los numerosos jardines y huertos criados en toda una vida. En estos vergeles han germinado también estas páginas.

Sobre el sufismo conviene decir unas palabras. Las claves de esta corriente vital quedan reflejadas en el propio relato, y es preciso aclarar que se trata de una tradición espiritual que ha anidado bajo el amparo de diferentes religiones, aunque para nosotros es más conocida en el mundo islámico. Desde tiempo inmemorial los sufíes han intentado desidentificarse de toda doctrina, condicionamiento y convencionalismo, y han utilizado las religiones de turno como un simple vehículo. Podemos reconocer esta «filosofía» a lo largo de la historia entre judíos, musulmanes o cristianos, pero también ateos y escépticos recalcitrantes. En el siglo X, el poeta persa Al-Hallaj escribiría: *He renegado del culto a Dios, y renegar es para mí deber, mas para los musulmanes pecado.* Su actitud herética le llevó al encarcelamiento y fue al fin ejecutado, pero su legado tuvo un gran influjo sobre Rumí y otro muchos místicos y poetas. En el siglo XIII, el famoso discípulo de Fátima de Córdoba, Ibn Arabí escribía este testamento «político» que refleja muy bien el ideario sufí:

> ...mi corazón es capaz de adoptar todas las formas: es un prado para las gacelas y un claustro para los monjes cristianos, templo para los ídolos y la Kaaba para los peregrinos, es recipiente para las tablas de la Torá y los versos del Corán. Porque mi religión es el amor. Allá donde vaya la caravana del amor, su camino es la senda de mi fe.

Poco más que añadir, aunque tanto se haya añadido. Preguntado por la importancia del ritual, el maestro Adnan Sarhan respondió que para el sufí es como la raspa del pescado. Una vez se ha cocinado y comido, con la raspa puede hacerse lo que se prefiera, dársela al gato o ponerla en la pared como adorno. Entendido de este modo el sufismo es la ciencia del espíritu, que nos ayuda a explorar la psique humana, afilar la sensibilidad y ahondar en la conciencia. Podemos resumir por tanto su doctrina en la ausencia de ritual prefijado o doctrina, de dogmas y preceptos, jerarquías, grados y obediencias debidas, organizaciones formales, lugares sagrados de culto y teologías. El sufismo huye también de la vana erudición de cuyos peligros alertaba Platón en su parábola del rey Tamud, advirtiendo de la petulancia de los ilustrados que se creen en posesión del conocimiento por haber estudiado, pese a que no han vivido ni experimentado.

Con filosofía no hay más que ideas, dice Pessoa:

> No es suficiente no ser ciego para ver los árboles y las flores. También es necesario no tener ninguna filosofía. Con filosofía no hay árboles: no hay más que ideas. Hay sólo una ventana cerrada, y todo el mundo fuera; y un sueño de lo que podría ser si la ventana se abriese, que nunca es lo que ve cuando se abre la ventana.

Cada persona, época y lugar tiene sus propios convencionalismos. En el proceso de búsqueda de la propia identidad, descubrimos que desde muy niños nos hemos ido identificando con patrias, credos e ideologías que nos impiden relacionarnos de un modo saludable con nuestro entorno natural y social. Bajo esta premisa, nuestro maestro y protagonista del relato, Al Yannan, transmite a sus discípulos que no es posible agregar nada a una olla llena. Es preciso vaciarse de prejuicios e ideas preconcebidas para contemplar el mundo sin filtros, con la mirada del niño, del jardinero o el poeta. A partir de aquí el jardín se convierte en un universo de perpetuo aprendizaje y deleite. En el siglo III, Hi K'ang, uno de los siete sabios taoístas del bosque de bambú, lo expresaba magistralmente en una frase: ¡Qué placer, caminando por el jardín doy la vuelta al infinito!

Con el mismo título «Al Yannan, (el jardinero)», este pequeño cuento que tienes entre tus manos se publicó por primera vez como epílogo del libro *La Magia de las plantas*. Con esta publicación rescatamos aquel relato otorgándole entidad propia. Nos ha parecido que al lector puede interesarle también una pequeña aclaración sobre los orígenes.

Se cuenta que cuando el califa de Córdoba Abderramán III se disponía a construir su Medina Zahara, quiso asegurarse de que en el lugar escogido podía florecer la diamela, el maravilloso jazmín que había traído de Oriente. Sólo cuando comprobó que su incomparable fragancia se extendía en aquel lugar, comenzaron las obras de la nueva ciudad. Esta pequeña leyenda ha sido la primera inspiración del relato de Al Yannan que tienes en tus manos. Ignoro si ese relato tiene algún fundamento verídico, pero en la India, a la hora de construir una casa, se consideraba de buen augurio que creciera bien Tulsi, la albahaca sagrada que se considera una encarnación de la diosa y en sí misma un altar bendito.

Pero si la pequeña historia de la diamela fue una idea inicial, la trama de nuestro relato tiene también su inspiración legendaria en los evangelios apócrifos, que aportan una versión poco conocida del mito de la pérdida del Paraíso:

> Tras la expulsión del Edén, Adán y Eva fueron a vivir al valle de Hebrón y un día, cuando Adán tenía 932 años, sintió que su muerte se acercaba y envió a su hijo Set de regreso al Paraíso para recoger el óleo de la misericordia. Siguió las huellas de sus padres, por un sendero en el que no había vuelto a crecer la hierba desde el destierro. Llegó así a una puerta, pero el Arcángel

Miguel le cerró el paso diciéndole que no había llegado aún el momento del perdón. Sin embargo, le reveló que de la tumba del primer hombre brotaría el árbol que habría de redimir a la Humanidad. Set pudo vislumbrar en medio del Paraíso un árbol magnífico con un niño en la copa y el ángel le explicó que era el segundo Adán, futuro redentor de la Humanidad, y le despidió entregándole tres semillas del fruto del árbol prohibido. Le ordenó que a su regreso debía colocar estas simientes en la lengua de su padre, que moriría al cabo de tres días. Adán sonrió por primera vez desde su destierro al comprender el mensaje de esperanza que le traía su hijo y, a su muerte, de aquellas semillas nacieron un ciprés, un pino y un cedro. Los tres árboles entrelazaron sus raíces y unieron sus ramas hasta formar uno solo, el más noble árbol del Líbano, que sería trasplantado y cuidado con esmero por Moisés y David. Su madera prodigiosa llegaría a las manos de Salomón y, al fin, sirvió para hacer la cruz de Jesús que fue plantada sobre el cráneo de Adán en el Gólgota. La sangre de Cristo bautizó así la calavera del ancestro de la Humanidad redimiendo los pecados de su especie.

Esta leyenda y su continuación en las sagas cristianas que hablan de los milagros posteriores del madero de la cruz, puede entenderse como alegoría de la antorcha del conocimiento, que se transmite de generación en generación para dar continuidad a la cultura que nos hace humanos. El inmenso legado genético de las plantas que nos alimentan y la práctica y transmisión de las técnicas de cultivo son buenos ejemplos. Pero en toda tradición es preciso distinguir los aspectos oscuros e indeseables que sostienen códigos interesados, equívocos o destructivos. El Génesis bíblico condena especialmente a Eva por haber cedido en primer lugar a la tentación. A partir de aquí, el aberrante influjo de esta proyección ha justificado durante milenios el papel dominante del hombre sobre la mujer. Otros mitos genésicos y fundacionales parecen construidos para argumentar la superioridad de una raza, nación o régimen aristocrático o inoculan conceptos como el «pecado», capaces de anidar en nuestro inconsciente atrapándonos en la telaraña de culpabilidades. La liberación comienza por tomar conciencia de los programas nocivos y recurrentes de nuestra psique (incluso de aquellos que adquirimos en los pretendidos procesos de «desarrollo espiritual») para recobrar la naturalidad que permanece incólume en el fondo de cada uno de nosotros. Para ello los sufíes utilizan, como hilo de Ariadna, distintas artes y disciplinas como la poesía, la música, la danza, la arquitectura o la práctica de una infinidad de oficios y ocupaciones y otros medios diversos. Entre todos ellos hemos escogido el jardín porque allí encontramos al mismo tiempo la escuela y la enseñanza, el medio y el fin, el continente y el contenido; la luna que apunta el dedo. El jardín es, en suma, el modo de realizar la utopía de vivir de acuerdo con la naturaleza y recrear el Paraíso. De ahí que el escenario sea en nuestro relato tan importante como la propia historia y sus protagonistas. Esta es la urdimbre que nos permite hilvanar la narrativa tejida en múltiples dimensiones que van, desde el plano más simbólico, hasta la realidad más evidente y palpable.

AL YANNAN

El jardinero

ARAQ · *Borago officinalis*

I

Abdalah

Ciertamente, la crisis de su alteza, el sultán, tenía raíces profundas. Abatido sobre los mullidos almohadones de un amplio diván, la expresión de su rostro era en aquellos días tan desoladora que ni siquiera el habitual cortejo de aduladores zumbaba a su alrededor. Las pobladas cejas de Abdalah semejaban densos nubarrones sobre unos ojos hundidos y sin brillo. Sus labios apenas se abrían para comer con desgana o musitar palabras ininteligibles. Cinco días con sus noches permaneció postrado en el mismo lugar sin que Mahmud, su leal visir, ni Ibrahim, el viejo y sabio médico judío, lograran descifrar el origen de aquella rara melancolía. Lo espiaban preocupados desde una prudente distancia sin atreverse a interrumpir su ensimismamiento.

Tan solo la bella Sahar acertó a barruntar los sombríos pensamientos que lo atormentaban. El gran Abdalah atravesaba esa crítica edad que inclina de manera irremisible el fiel de la balanza. Tras casi veinte años de reinado, a duras penas conservaba las fronteras que su padre y su abuelo ensancharan en todas las direcciones. Terminado el palacio que había soñado construir, como muestra de su propia grandeza, comprendió que, aunque fastuoso, no alcanzaba a saciar sus ambiciones de ser conocido y admirado en todo el mundo civilizado. Tal y como acostumbraba, trasladó entonces todas sus energías, pensamientos y anhelos a otro objetivo. Escogió así el jardín.

Sería un jardín tan espléndido que le haría olvidar sus fracasos en la guerra, las decepciones en el amor y el gobierno y hasta la ruina en la que había sumido al reino. «Será —soñaba— el orgullo del islam, vendrán a visitarlo príncipes y poetas que recitarán mi nombre por siglos y entre suspiros...».

Bastaron tres años para que se rindiera a la evidencia. Su jardinero, aunque brillante, era incapaz de recrear la visión y satisfacer mínimamente sus pretensiones. Se limitó entonces a despedirlo con frialdad y sucumbió de pronto a la suprema tristeza del que ha desperdiciado su vida en pos de lo absurdo e inalcanzable.

Ni el toronjil ni la borraja sirvieron para remediar el vacío de su alma y la inmensa compasión que sentía hacia sí mismo.

Únicamente las buenas artes de Sahar, la joven esclava que últimamente reinaba en su corazón, le hicieron por fin concebir una nueva esperanza y recobrar la sonrisa. La corte entera respiró entonces aliviada como cuando un rayo de sol disuelve oscuros presagios de tormenta.

Hasta el viento detenido pareció cobrar vida y aliento sobre palacio. El monarca, asomado al jardín, recreaba las viejas ilusiones de grandeza. En su imaginación, avenidas de cipreses desfilaban hacia poniente hasta el horizonte. Fuentes y rosaledas, acequias, azulejos y ruiseñores, calientes fragancias de mirto y azahar, alféizares floridos, luciérnagas y estrellas, inmensos estanques que le permitirían poseer la luna y el firmamento...

—Sahar tiene razón —se dijo resuelto—. Los ingredientes aún siguen ahí, el agua, la tierra, el sol... Tan solo falta el buen cocinero que sepa removerlos y agregar las especias. Esta vez encontraré al mejor.

Aquella misma tarde, con la ayuda de Mahmud, redactó cuidadosamente las alcabalas y los salvoconductos que pensaba enviar con sus mejores correos hacia todos los reinos musulmanes. Debían encontrar a cualquier precio a los más reputados maestros jardineros y traerlos con cuantos informes y recomendaciones pudieran reunir.

Tal fue la diligencia con que sus órdenes fueron ejecutadas que antes del anochecer esperaban ya ensillados cuarenta corceles. Entre los jinetes, algunos miembros de la familia real y personajes de la corte, animados sin duda por el notorio restablecimiento del sultán y deseosos de granjearse su favor.

Abdalah se esmeraba inspeccionando y sellando personalmente aquellos cuarenta rollos que enviaría de inmediato, cuando le advirtieron de una visita inesperada.

—¡Que entre quienquiera que sea! —ordenó impaciente y violento.

Ante sus ojos apareció de pronto un hombre ni joven ni viejo, de aspecto distinguido, aunque por la raída capa de lana parecía un errante o un peregrino.

—¡Vamos!, decidnos quién sois y qué deseáis —chilló Mahmud.

—Mi nombre es Al Yannan y soy el jardinero que estáis buscando —contestó el extraño.

Su voz era tan templada y segura que cautivó a los presentes hasta el punto de hacerles olvidar la altiva irreverencia de aquella aparición.

El visir, sorprendido, hilvanó desordenadamente, una a una, las preguntas cuyas respuestas apenas escuchaba, deslumbrado por la penetrante mirada del extranjero. Pero en cuanto comprendieron que aquel jardinero no tenía aspecto de serlo, ni credenciales, ni siquiera unos miserables planos para exponer sus ideas, Abdalah, su visir y los escribas, que permanecían expectantes en la sala, intercambiaron miradas de asombro.

El propio Abdalah, receloso, tomó asiento y, haciendo un imperioso ademán al recién llegado para que se explicara, exigió:

—Cuéntanos desde el principio quién te envía, en qué jardines has trabajado, quiénes son tus maestros —sus palabras contenían a duras penas la ansiedad que sentía.

Y Al Yannan habló de nuevo con calma:

—Pertenezco a una hermandad antigua que carece de reglas e insignias. Los lazos que unen a sus miembros son sin embargo aún más poderosos que los de la sangre, la raza o la religión. Tan sólidos que cada maestro reconoce en un instante el lugar, el momento y al discípulo que lo sucederá para renovar nuestro legado del Edén.

—Habla claro, por favor, y ve al grano —pidió nervioso el buen Mahmud, pues a estas alturas no sabía si tenía ante sí a un místico, un iluminado o un farsante. Con un gesto de urgencia alargó un pergamino al jardinero para que mostrara su sabiduría de forma tangible.

Pero Al Yannan continuó desplegando su imperturbable discurso, ahora en silencio: extendió una alfombra de oración sobre la mesa que atrapó en sus filigranas todas las miradas.

Un diseño espléndido e intrincado, completamente original, con resplandecientes colores, y el propio tejido, que daba una misteriosa sensación de realismo y relieve, representaba un extraordinario jardín, sin duda el primero.

Descolgó entonces con parsimonia la darbuka que pendía de su hombro y comenzó a deshacer el equipaje que llevaba en su interior.

Sacó toda suerte de pequeños envoltorios que depositaba de forma minuciosa en un lugar preciso sobre la alfombrilla. Había bolsitas, caracolas y cabezuelas de adormidera repletas de semillas y selladas con cera. Recipientes varios de idéntico contenido, vainas de alhelíes y otras plantas que iban esparciendo por toda la estancia su aroma indescriptible. Por un instante, el sultán, cerrando los ojos, reconoció las esencias de la aspérula y del alestaz, la fragancia del meliloto y del hinojo, anís, coriandro, camelina, eneldo... Los abrió de nuevo y al trasluz de los candiles y los últimos rayos de poniente, vio, flotando en el aire, una nubecilla de partículas doradas, como un halo alrededor del extraño, que ahora parecía verdaderamente un enviado de la sagrada tierra del Edén.

Cuando volvió en sí, aún atónito, contempló cómo seguían saliendo de aquel tambor que por su enorme capacidad se diría mágico, otras simientes. Entre los diversos montoncitos creyó reconocer los diminutos granos de la aguileña, brillantes como lágrimas de azabache, y las cápsulas inconfundibles de la alhármaga y el ajenuz. Un puñado de aladas semillas, con su parasol plumoso, escaparon volando seguidas por la atenta mirada del jardinero y, dudando un instante en el vano de la ventana, se precipitaron decididas en brazos del aire caliente, hacia el jardín. Al Yannan sonrió complacido.

Entretanto, nuevas fragancias irrumpían en la escena y se desvanecían de súbito cediendo al vigor de otras más intensas o persistentes.

Abdalah comenzó a prestar de nuevo atención a las palabras que aquel hombre iba recitando con la solemnidad de un encantamiento.

—... he aquí la esencia de la esencia, destilada de mil jardines —decía en aquel momento mostrando las simientes de todos los colores, tamaños y formas—. Estas semillas son fruto de una larga herencia de jardines como los de Babilonia y muchos otros antes y después. De jardineros como Abú Cefiz, el ruiseñor de Bagdad, o Isam, el derviche arraigado. Yo he venido para perpetuar esta herencia. Debéis saber que, desde el principio de los tiempos, cuando el primer hombre fue expulsado del Paraíso, Alá confió a quienes lo merecían los secretos y las semillas para preservar su magna obra. Los escogidos fueron tan solo un puñado de hombres, una estirpe que de generación en generación se ha ocupado de recrear el Jardín Original. Algunos de estos vergeles, la mayoría, han ido desapareciendo tras la muerte de sus cuidadores. Sirvieron únicamente para renovar el legado, regenerar la simiente y formar un discípulo sucesor. Pero unos pocos han perdurado hasta nuestros días en lugares ocultos, al cuidado de otro linaje de jardineros a los que llamamos «testigos». A estos paraísos acudimos para completar nuestro aprendizaje y son verdaderos reinos celestes...

La atención de Abdalah y sus súbditos era tan intensa que de forma inconsciente se habían ido acercando en un sepulcral silencio para no perder ni una palabra de aquel discurso, ni uno solo de los numerosos efluvios que emanaban aún del misterioso tambor. El jardinero continuó hablando en voz baja, revelando a su atónita audiencia el primer y más grande secreto de la Humanidad, entre cuyos depositarios se contarían Set, Noé y Abraham, Moisés, José, Jesús y el mismo Mohamed.

El sultán dijo emocionado:

—Sin duda habéis venido obedeciendo un mandato divino, en respuesta a mi plegaria y en el instante preciso. Sed por tanto bienvenido y quiera Alá que permanezcáis mucho tiempo en este reino.

A punto estuvo de postrarse a los pies de su enviado, pero se contuvo a causa más bien del pudor que de la soberbia.

Mientras tanto, Al Yannan metía su brazo hasta el codo para extraer los últimos granos, que depositó en el centro del tejido con especial cuidado, casi con reverencia. Eran alrededor de una veintena de pequeñas esferas negruzcas y brillantes y tres semillas un poco mayores que mostró abriendo la tapa de un diminuto estuche de madera rojiza.

Por unos segundos permaneció en silencio atento al contenido de la alfombra, arreglando meticulosamente los granos como si su exacta colocación prefigurara el vergel. Entonces el sultán observó que una especie de polen amarillo, como fino polvo de oro, impregnaba todos los granos y los recipientes. Cuando al fin pareció satisfecho, el jardinero respondió mirándole a los ojos:

—El jardinero es un nómada que se asienta por un breve espacio de tiempo, el justo para crear su jardín. Es una semilla que crece y despierta en terreno fértil, con la sabiduría y la herencia de sus progenitores y, llegado el momento, está llamado a depositar la esencia de sí mismo en sus propias semillas: los discípulos sucesores. Como una abeja que huele las flores he venido desde muy lejos para hallar la tierra prometida. Mi corazón me dice que al fin la he encontrado... —tras una larga pausa en la que todos volvieron de manera instintiva la mirada al magnífico jardín de la alfombrilla, continuó diciendo—: Sin embargo, debo advertiros de que antes de establecer aquí este paraíso, vuestro jardín deberá salvar una prueba.

—¡Por Alá!, decidnos, ¿en qué consiste? —preguntó el gran visir presa de la misma expectación que el resto.

—Ved esta grana —contestó el jardinero señalando el grupito depositado en penúltimo lugar—. Es de un jazmín tan maravilloso que con su sola fragancia obra el milagro de la inspiración. Es el verdadero Jazmín de los Poetas. Comparados con él, los de Damasco son una burda y fétida imitación. Pues bien, si florece en vuestra tierra, tendremos la señal segura de que este es el lugar. Pero es imprescindible que, durante un año, hasta su floración, permanezcan tapiadas todas las puertas y ventanas que miran al jardín, de forma que nadie pueda entrar ni ver nada de lo que allí suceda.

Tan convencido estaba el sultán y tanta era su confianza en el recién llegado, que en vez de poner objeción alguna a estas duras condiciones, se apresuró a ofrecer toda la ayuda necesaria y quedó gratamente sorprendido cuando Al Yannan le explicó que durante este tiempo trabajaría solo y no pediría ninguna retribución.

Entonces se acercó Isam, el más joven de los escribas, un muchacho despierto, aunque algo tímido. Pidió con respeto permiso para hablar y preguntó acuciado por la curiosidad sobre la naturaleza de las tres semillas que el jardinero depositara en último lugar.

—Por la gracia del Creador —explicó entonces el extranjero—, estas semillas se hallan desde el Principio en el centro del jardín. Son la simiente del Árbol de la Vida y del Árbol de la Ciencia. Ambos son uno y distintos como el hombre y la mujer. A ellos debemos nuestra alegría y nuestra aflicción, pues por su causa salimos del Paraíso y por ellos somos lo que somos. Cuando el Árbol de la

Ciencia da sus primeros frutos, es señal de que el aprendiz está ya preparado para salir del Paraíso. Es entonces cuando comienza a recoger las semillas que habrán de despertar en un nuevo jardín.

—Pero ¿por qué solo tres? —insistió el curioso escriba ignorando la mirada severa del cadí.

—Este es el mandato que recibió el primer jardinero. Tan solo tres semillas podrán salir de cada jardín. Y llegará el día en que las tres semillas serán de idéntica naturaleza, del Árbol del Conocimiento o del Árbol de la Vida, y este será el principio del fin de los tiempos.

Dicho esto, comenzó a recoger las simientes con el mismo cuidado con el que las había extraído, comenzando por las tres últimas y continuando en orden inverso hasta que hubo guardado aquel tesoro. Al percatarse de su evidente cansancio, Abdalah dio las órdenes oportunas para alojar al extranjero en los mejores aposentos. Y éste, después de expresarle su gratitud, se retiró en silencio.

Permanecieron aún largo tiempo en la misma sala, sobrecogidos, y antes de deshacer aquella muda asamblea, el sultán hizo jurar a todos que guardarían el secreto so pena de muerte.

—¡Señor —dijo Mahmud—, aunque sólo fuera por el respeto que os debemos, lo guardaremos hasta la tumba! Pero sospecho que si ese jardinero es quien dice ser, vuestro jardín se protegerá a sí mismo permaneciendo oculto a los ojos impuros.

—Confía en Alá y ata la pata de tu camello —sentenció el juicioso Ibrahim.

Y todos juraron solemnemente con una fe y un sentimiento de complicidad absolutos. En aquel momento habrían dado su vida antes de revelar el secreto...

Esa noche ninguno durmió, pero todos soñaron.

Yasamín · *Jasminum sp.*

II

El jazmín de los poetas

No había transcurrido aún medio año y la leyenda del jazmín maravilloso se había propagado en mil y una versiones por todas las provincias del reino y más allá de sus fronteras. Y, sin embargo, lo que acontecía en el interior del jardín continuaba siendo un absoluto misterio. El propio sultán se aseguró de que el hermetismo fuera total, pues temía que algún curioso o imprudente llegara a deshacer el hechizo antes incluso de haberse materializado. Durante este tiempo el jardinero no volvió a presentarse ante la corte ni tuvieron noticias de su trabajo. Se había instalado en una minúscula y vieja caseta de herramientas, en el lado sur, y de aquel su reino secreto tan solo trascendía el silencio.

La impaciencia de Abdalah y sus cortesanos crecía entretanto como el fermento en la tahona y, con frecuencia, uno y otros sufrían inconfesables arrebatos de recelo y desconfianza. La expectación de todo un pueblo podía palparse alrededor de aquellos muros, custodiados día y noche por la guardia real.

Se decía que Al Yannan se sentaba a menudo bajo la tejavana que desaguaba al exterior, que tocaba una flauta de sonido áspero y dulce como el jengibre, que salía furtivamente las noches de luna llena y se perdía entre sombras en las estribaciones montañosas de la serranía... Pero ni el sultán ni sus allegados pudieron verificar ninguno de estos rumores y el tiempo se deslizaba más y más despacio conforme se acercaba la hora.

Faltaba aún casi un mes para el día señalado en todos los almanaques cuando el jardinero se presentó de improviso ante el sultán.

—Majestad —dijo sin preámbulos—, vengo a informaros de que el jazmín está a punto de florecer. Si Alá así lo quiere abrirá de aquí a poco sus primeros capullos.

Iba ya a retirarse sin que Abdalah hubiera tenido tiempo de reaccionar, pero Mohamed, el juicioso cadí, el único quizás en todo el reino que albergaba serias dudas sobre la identidad y las intenciones del jardinero, lo retuvo un instante, sobreponiéndose al júbilo y a la perplejidad que dominaban la sala.

—¿Podremos verlo entonces antes de la fecha prevista? —interrogó.

Al Yannan se volvió con calma y respondió:

—En verdad, esta flor tan temprana es un signo inusual, muy sorprendente. Pero no conviene apresurarse. Se trata de una planta extremadamente sensible e incluso convendría, cuando se haya cumplido el plazo, abrir tan solo una ventana durante los primeros días.

Un tanto decepcionado se mostró Abdaláh, que pensaba festejar el singular cumpleaños con gran pompa e incluso había cursado ya numerosas invitaciones para la inauguración de su nuevo jardín. Preguntó con ansiedad infantil:

—¿Podríamos al menos abrir la puerta principal? Debéis entender, maestro, que hemos esperado mucho este día.

—Comprendo vuestra impaciencia, pero recordad que este no es un jardín común. Su instauración requiere tiempo y cautela. Es preciso seguir escrupulosamente, uno a uno, los pasos que aconseja la tradición. Deberéis ser pacientes; ni siquiera el Todopoderoso creó el mundo en un día... sentenció el jardinero mirando a todos los presentes.

Mientras cruzaba la estancia con paso decidido hacia la puerta, Abdalah sintió la estela de un perfume profundo e indescifrable. Habría querido poseer de inmediato la fórmula magistral de aquella esencia, pero, se dijo a sí mismo:

—Incluso al sultán le intimida la aparición del jardinero.

Dos días después, con una luna llena asomando en el horizonte, Sahar despertó a su señor. A decir verdad, todos en palacio despertaban sin entender. Desde el corazón del reino se extendía una suave fragancia a los cuatro vientos.

Fueron muchos los que lloraron sin causa aparente, los que reían o salían de su sueño para abrazar al marido, a la mujer o a los hijos. Algunos comenzaron a cantar a viva voz o salían a la calle tocando su instrumento, iban a la casa del vecino y se quedaban a charlar, miraban al cielo estrellado o permanecían como embobados a la luz del candil.

Aunque faltaban muchas horas para el amanecer, los ruiseñores rompieron a cantar.

Instintivamente, Abdalah se dirigió a la puerta principal de su jardín y se quedó allí un buen rato, escuchando emocionado, inspirando el prodigioso aroma que anegaba todos los resquicios de su alma. Pensó entonces que, si

Al Yannan se lo permitía, conduciría un brote del jazmín hasta su alcoba y lo pondría a velar los sueños de la dulce Sahar. Mentalmente escribió en el mismo momento un poema para su amada.

Mientras tú soñabas
he desenroscado noche a noche
sin que tú supieras
un tallo del jazmín florido
Mientras abro la ventana
me parece destapar el cofre divino
que contiene el Mundo dormido.
Las blancas flores cantan,
con voz de inconfundible aroma,
tallo a tallo las he ido ensortijando a tu cabecera.
Susurran en tus sueños imágenes blancas,
palabras perfumadas e ideas puras.
Antes de que tú despiertes
y concluya la hora oscura
he de devolver al mundo su hermosura.

Subió radiante las escalinatas, dispuesto a plasmar el poema aún fresco en la memoria. Sahar se encontraba de nuevo dormida, pero sobre el escritorio había dejado otro poema que Abdalah leyó enamorado:

Si te llenas de mí
yo reboso de ti.
Incesantemente caemos,
el uno en el otro.
Como luminoso chorro de aceite,
que mana en la almazara,
hasta olvidar quién es quién.

¿Quién está arriba? ¿Quién abajo?
Si tú te llenas de mí,
yo rezumo de ti.

Cuando llegó al fin el día previsto, habían corrido toda suerte de pronósticos y rumores desde el mercado a la alcazaba, desde la alcazaba al mercado y desde allí en todas direcciones. La expectación se hacía casi incontenible entre los miembros de la realeza, los embajadores y los maestros jardineros que formaban aquella nutrida y selecta representación de los reinos aliados.

El anuncio de la inauguración del jardín de Abdalah se había hecho de una forma tan enigmática y vaga como apremiante. Por más que lo intentaron, ninguno de los invitados obtuvo aclaraciones satisfactorias sobre el evento que estaban a punto de presenciar. Tan solo evasivas, fábulas y patrañas que aumentaron su escepticismo a la par que la curiosidad. Nadie sabía a ciencia cierta cuándo comenzaría o en qué consistiría la función, pero cada uno pretendía ser espectador de primera fila.

La hora del triunfo de Abdalah no pudo ser más gloriosa ni más imprevisible. El influjo de la misteriosa fragancia había ablandado de forma milagrosa todas las reticencias. Comenzó justamente al despuntar el alba. Aunque todo el mundo se encontraba preparado —muchos ni siquiera habían dormido—, el repiqueteo de una alcotana sobre el muro que cegaba la puerta principal convocó a la entrada a una multitud apresurada y variopinta. Era el primer sonido del jardín tras un largo año de silencio.

Primero vieron tan solo la luz deslumbrante cruzando el hueco del primer ladrillo. Enseguida aparecieron también las manos del jardinero y su cara. El visir tuvo que poner orden en aquel tumulto que se arremolinaba esforzándose para ver. ¡Hasta los guardias y esclavos desatendían sus funciones mezclándose entre los principales! Cuando la abertura fue suficiente, a una señal del jardinero, comenzaron a pasar, uno por uno, los elegidos. El capitán de la guardia, en último lugar, quedó cerrando la entrada con su cuerpo por orden de Mahmud.

Penetraron como en la noche nupcial el espacio virgen. Sintieron la atmósfera diáfana de la aurora, el aroma celestial que allí resplandecía en toda su desnudez, la sonrisa radiante del jardinero que les daba la bienvenida, el jazmín extraordinariamente desarrollado, vigoroso y tierno a la vez, escalando las paredes y a punto ya de encaramarse al ajimez. A nadie parecía importarle el resto y sin embargo el sultán permanecía ajeno al hechizo. Ante todo, había visto su viejo jardín desmantelado y vacío como un desierto. La cólera le dominó y estaba ya a punto de desbordarse cuando se escuchó la primera exclamación:

—¡Sublime! —dijo una voz menguada por la perplejidad.

Era el gran Ibn al-Raheem, el maestro de maestros, el emir de los jardineros, creador de los incomparables vergeles de Bagdad, de Shiraz y de Basora, sin duda la opinión más reputada en materia de jardines. Enseguida siguieron a esta otras expresiones de gozo y entusiasmo. La solemnidad del lugar y del momento apaciguaban el tono de las palabras, pero todos se hallaban excitados y sobrecogidos y alguien comentó la tremenda imagen que representaba aquel solitario jazmín en el vasto vacío, brotando al pie de un palacio con los ojos tapiados. Abdalah aprovechó entonces para interrogar a su jardinero:

—Maestro, ¿no podríamos haber aprovechado siquiera una porción del antiguo jardín?

Comprendió su error cuando todas las miradas se clavaron en él. Hasta Ibrahim lo contempló como a un niño que no ha entendido bien la lección. Al Yannan, en un gesto que rompía de forma manifiesta el protocolo, pasó con familiaridad la mano sobre su espalda y lo condujo hacia su casucha. Seguidos por aquella corte cosmopolita alcanzaron una pequeña parcela cultivada en la que podían verse toda clase de plantas, la mayoría en flor o fruto, de una extraña belleza. A su alrededor el aire estaba saturado de aromas fascinantes y el jardinero explicó:

—La flor del desierto es infinitamente más bella. Hemos atravesado el año de prueba, el tiempo de purificación, observación y meditación. El jazmín florece aún mejor de lo que podía esperarse. Las almácigas brillan de contento. Como veis, las plantas de semillas efímeras han sido sembradas para garantizar su pervivencia. El jardinero ha visto y reconocido el espíritu del jardín, el curso de la luz y las sombras, los ciclos estacionales, las tendencias y cualidades del terreno... Ahora la tierra está vacía y preparada para empezar...

Desde aquel lugar todos volvieron la vista hacia el palacio. El jazmín, risueño, representaba allí todas las esperanzas de una nueva vida, sobre la faz del edificio dormido.

Cuando franquearon de nuevo el angosto umbral, nadie supo explicar muy bien lo que habían visto, y el sultán, tal vez cautivado por un último guiño del jazmín, mandó cerrar de nuevo la herida del muro.

HABAQAH · *Ocimum sp.*

III

El secreto del jazmín

Los visitantes se demoraron aún muchos días y fueron espléndidamente agasajados. Pero poco a poco, uno a uno, comenzaron a despedirse; despertaban al mundo real desde aquel estado de dicha y ensueño que los embargaba. Habían llegado con aires de grandeza y superioridad, pero marchaban con humildad después de expresar su admiración y la sincera gratitud y amistad que sentían. Y todos, a excepción del maestro Ibn al-Raheem, hicieron antes de partir una misma petición al sultán: deseaban un esqueje del jazmín de Al Yannan para llevarlo a sus reinos. Abdalah no disimulaba entonces el inmenso orgullo de poseer en exclusiva aquello que los príncipes más poderosos codiciaban. Los colmó de regalos y diplomáticamente prometió que, si su jardinero accedía, les enviaría un esqueje arraigado tan pronto como la planta tuviera suficiente vigor.

Cuando llegó el turno de Ibn al-Raheem, el sultán temió y deseó al mismo tiempo que hiciera la misma solicitud. Pero el maestro se limitó a entregarle un poema, escrito de su puño y letra sobre el pergamino más fino y flexible que se hubiera visto. Antes de que el monarca lo desplegara desde su trono, al-Raheem dijo:

—Majestad, nunca podremos agradeceros vuestra generosidad inagotable. Habéis compartido con nosotros la propia esencia, el corazón de vuestro reino. Nos habéis recordado que la belleza y la poesía son las últimas verdades a las que puede aspirar todo espíritu libre. ¡Que Alá os premie y proteja por ello como hasta ahora!

Abdalah tomó entonces el pergamino y emocionado leyó en voz alta a la concurrencia:

Creo recordar aquel día lejano en el que seré un jazmín.
En este instante tal vez.
Mis pies incontables se hundirán en la tierra profunda,
húmeda y oscura.
Mil brazos extendidos buscarán la luz y el aire.
Exhalaré constelaciones de flores y en su aroma viajaré.
Abandonaré el verde cuerpo.
Los entresijos de ramos y raíces yacerán en el olvido de mí.
Mi alma toda será ya esencia, etéreo perfume disuelto en el
cielo.

Tras un prolongado silencio, se oyó el hondo suspiro de Sahar detrás de la celosía y el sultán ordenó grabar los versos en letras de oro, sobre la arracada de la entrada principal al jardín.

Unos días más tarde, cuando ya no quedaba en la corte ninguno de los ilustres extranjeros, Sahar expresó su deseo de visitar de nuevo el jazmín, y después de meditarlo unos instantes, Abdalah accedió entusiasmado.

—Entraremos por la casa del jardinero —dijo, y pensándolo mejor añadió—: Iremos al atardecer, esta vez solos tú y yo.

A partir de ese instante las horas transcurrieron mucho más lentamente. El calor asfixiante se detuvo incluso en las habitaciones reales prolongando aún más la espera. Salieron cuando las sombras eran ya muy alargadas. Disfrazados con los más discretos atuendos, intentaron en vano pasar desapercibidos mientras recorrían el largo trecho en torno al alcázar. Nadie se atrevió a importunarlos y encontraron al jardinero sentado en el umbral de su cabaña, mirando hacia poniente.

Se levantó dedicándoles una mirada efusiva y alegre.

—Deseaba vuestra visita —les dijo.

—Maestro —contestó el sultán—, he aquí una pequeña recompensa, el anticipo de lo mucho que os debo —y le entrego una bolsa que contenía quince monedas de plata y cinco de oro—. Esto es sólo un anticipo, para el adorno de vuestro hogar.

El jardinero recogió su paga asintiendo en silencio y les hizo cruzar su casita para entrar al jardín.

Una vez dentro, Sahar sintió de nuevo la bendición del aroma y sólo tenía ojos para el jazmín. Hacia él se dirigieron sin mediar palabra, y a su pie permanecieron absortos, escuchando la canción, el sura, el poema, la danza que cada planta interpreta, única y distinta en cada instante, para cada persona.

Abdalah observó maravillado los brotes del jazmín, que parecían guiados por una mano invisible, sometidos fielmente a la voluntad de las formas, a la perfecta geometría de los azulejos y estucos entrelazados sobre aquellos muros. Entonces Sahar le abrió los ojos mostrándole la urdimbre sutil que soportaba aquella trama vegetal. Las arañas tejían en aquel mismo instante sus telas, enlazándolas en los tallos terminales que daban la impresión de estirarse y crecer a ojos vistas. El sultán se preguntó si el jazmín tensaba la tela o era esta la que sujetaba al jazmín.

Entonces recordó la excusa que justificaba aquella visita.

—Maestro —preguntó—, ¿sería posible reproducir este jazmín en otros lugares? Todos nuestros invitados pidieron un esqueje antes de marchar, pero no he querido comprometer mi palabra sin consultaros.

—Si en verdad lo deseáis —contestó Al Yannan—, podréis disponer de los esquejes antes de un año. Pero es muy posible que los renuevos os decepcionen.

—¿Serían éstos acaso diferentes de la planta madre? —preguntó Sahar acuciada por la curiosidad.

—Todos creen que este jazmín es único, y sin duda lo es, pero no tanto en razón de su origen y elevada estirpe. Los secretos de su felicidad y su incomparable fragancia son tan simples y complejos como la misma vida y, por tanto, difíciles de reproducir. Quizá tengan mucho más que ver con el jardinero que con la planta.

—Por Alá, explicadnos el misterio —pidió el sultán.

—Para empezar, tuve que sembrarla en su preciso momento. Reprimí la impaciencia que me carcomía y esperé hasta que estuve bien seguro de que ninguna helada tardía le dañaría. En aquel instante, sin dilación, lo sembré en su preciso lugar. Le di los justos cuidados, ni riegos excesivos e intempestivos ni un excesivo abandono... No —continuó el jardinero—, la fragancia de este jazmín no tiene efectos sobrenaturales, su único secreto, su magia, consiste en que desde un principio la planta se encontró bien entre nosotros. No ha sido mimada ni consentida, pero cuando verdaderamente lo necesitaba recibió nuestros cuidados. Para las plantas, como para el amor, se requieren una atención y un cariño constantes y la mínima actuación imprescindible.

—Ahora entiendo la razón de su embrujo: habéis puesto en ella tanto amor que resplandece —susurró Sahar. En aquel momento caía el telón de la noche y se abrían las flores como estrellas de la aurora, pronunciando al unísono la misma luminosa fragancia.

—Por eso ahora es dichosa, expande la dicha en su aroma y cualquiera que la huele, aun sin darse cuenta, nota su contento y se siente a su vez confiado, feliz, alegre y sereno. Así es como una simple e insignificante acción, regar una planta en su justo momento, se extiende igual que una gota de agua caída en el estanque y crea ondas que recorren toda la superficie, despertando el agua dormida.

Hablaba el jardinero en voz baja y le escuchaban pasmados, dejándose acariciar por las palabras y aquel aroma que, como una emanación de sí misma, despedía la planta con creciente vehemencia.

El sultán cayó de pronto en la cuenta de que no había anunciado su salida y probablemente estarían buscándolo, sin embargo, pese a la inquietud no se atrevió a despedirse y preguntó de nuevo:

—Maestro, ¿creéis entonces que sería mejor no entregar esos esquejes?

—Majestad, la decisión es vuestra, pero si admitís mi consejo os diré que en realidad nadie quiere esos esquejes. Todo aquel que os los pidió codiciaba la planta madre. Vieron el resultado de un proceso y creyeron que podrían poseerlo. Prefirieron pensar que se trata de una variedad extraña y misteriosa. Esto es lo que diferencia al jardinero de la gente común: para nosotros lo importante es precisamente la dedicación, el sendero. Los resultados vienen por sí mismos. Esta planta no es tan solo una manifestación de la tierra madre, un pensamiento divino o el fruto de los anhelos y los desvelos de este jardinero, es también parte de mí, mi más perfecta obra, el bien amado, el hijo, el discípulo, una emanación de nuestro espíritu al fin de un largo camino. Ella continúa mi labor por sí sola, reza mis oraciones incluso mientras duermo, de día y de noche, irradiando belleza y *baraka* a su alrededor. Nuestro jazmín colma la vida de sentido por sí mismo.

Lloraba Sahar. Sus lágrimas eran como arroyos sobre las mejillas, y con la voz entrecortada preguntó aún:

—¿Cómo es posible que una simple planta extienda su poder sobre todo un reino? Decís que no hay nada de sobrenatural en ella, pero todos hemos percibido la paz inmensa que exhala. Jamás había visto un jazmín semejante por cuidadoso que fuera su jardinero.

—Desde su grande o diminuto hogar, desde hace milenios, los jardines han derramado belleza, filosofía, poesía, música y misticismo. Pero si lo miráis de otro modo, el jardín se prolonga siempre más allá de sus límites. Envía flores para adornar hogares, tumbas y templos; verduras, aromas y especias para la cocina; tintes y colores para adornar nuestros pergaminos; medicinas y remedios salutíferos... Creedme, podéis influir mejor y de manera más profunda en vuestros súbditos con el esplendor de vuestro jardín que con todas las leyes y consejos por sabios y oportunos que sean —sentenció, y prosiguió en respuesta a una mueca escéptica del sultán—: Es verdad que el murmullo de la multitud en el mercado se acalla cuando la voz del cadí se impone, entonces el gentío se congrega y escucha a un tiempo y los pequeños grupos se disgregan para atender su discurso. Pero hay otro modo de unir que no disuelve, sino aúna. ¿Habéis presenciado alguna vez el paso de un carro cargado con sacos de rosas de Damasco?

—Maestro —dijo entonces Sahar—, nos gustaría recibiros de vez en cuando en palacio. Vuestra presencia será una bendición para nuestra casa y vuestra palabra aliviará nuestros corazones.

—Lo haré —respondió Al Yannan. Y el monarca asintió corroborando la invitación.

Lentamente volvían ya sobre sus pasos y el jardinero le dijo a modo de despedida:

—Venid cuando deseéis, vos sois guardián y señor de las puertas de este reino de luz.

El sultán se alejó mascando las últimas palabras. Caminaron en silencio precedidos por una patrulla que hacía rato los esperaba en el exterior, a una prudente distancia y, cuando llegaban casi al palacio, el gran Abdalah, sin poder reprimirse, comentó a su amada:

—¡Guardián y señor de la puerta! ¿Piensa que soy su portero?

—Mi Señor, si él es Adán en su maravilloso reino de Edén, vos sois sin duda el ángel que Alá envía para protegerlos.

En un instante, la ira del sultán se trocó en sonrisa y continuó caminando sin mirar a su amada.

MUSÁ · *Mespilus germanica*

IV

La simiente de todo lo vivo

Se celebraba uno de los más sonados juicios de su reinado y el gran Abdalah quiso presidirlo en razón de la gravedad de los crímenes. Con particular repugnancia escuchó la versión del acusado. Yassin «el Sanguinario» reconoció sus culpas e hizo un relato pormenorizado de sus fechorías, jactándose de su propia perversidad; lejos de pedir clemencia, el desdichado se atrevió a gritar contra el sultán y su guardia y declaró de forma reiterada que no se arrepentía de sus delitos.

En aquel momento apareció el jardinero. Mahmud anunció la visita al oído del sultán y éste pensó que el momento no podía ser más inoportuno, pero ordenó que le colocaran una silla a su diestra. Brevemente y en medio del silencio que imperaba en aquel magnífico salón, Abdalah resumió a su jardinero los hechos y añadió:

—Lamento que hayáis llegado en esta penosa situación, como veis se trata de un caso perdido. Mi intención no es otra que mandarlo ajusticiar. Aún no he decidido cómo, pero quiero que su muerte sirva de escarmiento público. ¿Qué opináis, maestro? —preguntó el sultán.

—Mi consejo es que lo pongáis ahora mismo en libertad; mi deseo y mi súplica que le permitáis trabajar conmigo en el jardín.

La perplejidad del monarca quedó reflejada en su rostro de forma tan patente que todos en la sala, incluso el acusado, que hasta entonces se había mostrado despectivo, permanecieron expectantes. De inmediato Abdalah se retiró a una pequeña habitación contigua. Una vez a solas con su jardinero, sintió que la cólera estaba de nuevo a punto de traicionarlo.

—Tened cuidado —le dijo—, mi reconocimiento hacia vos tiene un límite y no sé si os dais cuenta de que vuestra opinión socava los mismos cimientos de mi autoridad.

—Siento haberos ofendido —replicó el jardinero.

—Mi decisión en este caso es irrevocable, pero decidme, ¿por qué habría de poner en libertad a semejante monstruo? ¡Dadme una sola razón por la que merezca continuar viviendo!

—Él es —contestó Al Yannan como quien revela un grave secreto— un descendiente en línea directa de los primeros hombres del Paraíso, de nuestro ancestro común, el primer jardinero.

El sultán, desarmado, miró a los ojos de Al Yannan, tratando de descifrar cualquier atisbo de mentira o doblez, pero solo encontró serenidad. Deslizó con cautela la mirilla que dominaba la gran sala, observó con detenidamente al acusado y, sin abandonar su puesto de espía, preguntó al jardinero con un deje irónico:

—¿Queréis decir que la estirpe de ese criminal es tan elevada como la de vuestra ilustre cofradía o vuestro maravilloso jazmín? ¿Me estáis insinuando que la hermosura de vuestra planta puede equipararse de algún modo a la existencia de ese miserable?

—Ciertamente el origen de nuestro admirado jazmín es ilustre, pero no más que el vuestro o el de ese pobre hombre. Él es también un *beshar*, un humano, y como tal lleva el signo y el germen de la felicidad y de la esperanza. Todos somos descendientes del primer hombre y, aún más tarde, del Noé que recogió en su arca la simiente de todo lo vivo. Todos compartimos una misma cuna desde aquellos tiempos remotos y desde entonces los jardineros nos ocupamos antes de nada de escoger con cuidado la semilla, que es el principio y el fin de nuestra tarea sobre la Tierra. Escogemos siempre las plantas más felices, lozanas y perfectas, de éstas recogemos la semilla que habrá de reproducir la especie en los sucesivos jardines, pero esto no significa que arranquemos a continuación las menos agraciadas. Simplemente las dejamos crecer a su antojo y a menudo acabamos por descubrir en ellas otros rasgos que nos interesa multiplicar.

Sin decir palabra, el sultán regresó a la sala del juicio y sentenció al desgraciado. Para sorpresa de todos, mandó encerrarlo hasta nueva orden y acto seguido ordenó a su visir que vigilara con discreción al jardinero. Luego se retiró pensativo a sus dependencias.

Sin embargo, el tiempo, la creciente hermosura del jardín, y sobre todo el espíritu indomable de su jardinero, acabarían por doblegar todas las reticencias del sultán. Los espías que vigilaban cada uno de sus movimientos habían informado de una conducta quizás un tanto excéntrica, pero en todo caso intachable. Emprendía viajes que a veces se prolongaban semanas, para disgusto del sultán, que temía impaciente por su jardín. Se esfumaba entonces ante las narices de sus seguidores, perdiéndose entre los arrabales, los huertos y las montañas. Pero siempre volvía con las bolsas llenas de semillas y esquejes, raíces y tubérculos que inmediatamente desaparecían en el jardín para reaparecer más tarde con las formas, aromas y colores más diversos.

El propio Abdalah había observado muy de cerca sus extravagancias y sentía verdadero asombro y un extraordinario placer cuando lo acechaba. Le habían contado que se sentaba, tan inmóvil como el gato que lo acompañaba, en el zaguán de su tejavana. Y cuando una noche de primavera, él mismo lo vio así, ensimismado en la contemplación del cielo, pensó: «Igual que el gato, ni afuera ni adentro, su misma casa está fuera y dentro del jardín».

Al Yannan hacía también numerosas salidas nocturnas, paseaba por el vergel, se sentaba entre las plantas o en el horcajo de los árboles, recogía frutas y raíces o se bañaba en las noches de luna en el largo estanque que había hecho construir, como un río detenido, entre el palacio y la caseta.

Un año después de que abrieran las primeras flores del jazmín, el sultán comprendió que su jardín ya era un mito, y fueron muchos los príncipes y emires que concertaban visitas y desgranaban elogios. Desde todas las cortes, incluso cristianas, se inició una peregrinación de notables, jardineros y poetas, que con cualquier excusa pretendían visitar al monarca para contemplar aquella «Meca verde». Se firmaron tratados de amistad con algunos de los más encarnizados enemigos del reino y de este modo Abdalah comenzó a sentir realizado su sueño y comprobó que el aroma del jardín era más poderoso que sus ejércitos.

El momento culminante fue la visita de Ali Sarhan, embajador del califa de Bagdad, cuyo prestigio era enorme en todo el mundo islámico y del que se decía que era descendiente en línea directa del Profeta. Aquel hombre quedó tan maravillado con el jardín que solicitó a nuestro rey una visita del jardinero a su país. El sultán, profundamente halagado, admiró su propio vergel por los ojos del embajador, pero al mismo tiempo se sintió celoso de que otros pudieran tener un jardín parecido, o peor aún, a su jardinero. Y a pesar de que, como siempre, sus arcas estaban vacías, decidió recompensar a Al Yannan con una bolsa de monedas. «Así —pensó—, se sentirá más comprometido con nosotros». Pensó también que para retenerlo estaría dispuesto a convertirse en aprendiz, y un buen día fue a visitarlo con esta oculta intención. Lo encontró trabajando en los semilleros, y nada más verlo le anunció que estaba sopesando liberar a Yassin y ponerlo bajo su custodia y responsabilidad.

—Nada me complacería más —respondió Al Yannan.

—¿Creéis de verdad que llegaría a ser un buen aprendiz?

—Tan bueno como cualquier otro que logre vencer sus limitaciones.

—¿Incluso un rey podría llegar a ser aprendiz? —preguntó el sultán con falsa modestia.

—Sólo cuando olvide su condición y entre en el jardín con la humildad del aprendiz.

—Daría mi reino a cambio de tu sabiduría —dijo entonces Abdalah asombrándose a sí mismo.

—Eso son sólo palabras huecas —replicó el jardinero.

—¡Juro por Alá que entregaría mi reino, mi libertad y mi vida! —respondió el monarca encendido.

—Podéis regalar el reino, pues no vale nada a los ojos de Alá, pero la libertad y la vida no deben ofrecerse a la ligera. Aun así, es posible que llegue el momento de que cumpláis esa promesa.

—Mientras tanto, ¿puedo ser vuestro humilde aprendiz?

—Puedo empezar a enseñaros si así lo deseáis. Aunque no está en nuestras manos decidir quién será el sucesor y heredero del jardín.

Desde aquel mismo momento, el sultán se encontró siguiendo a su jardinero a todas partes y escuchando sus explicaciones.

—¿Qué ocurriría si alguna de estas plantas se perdiera por alguna desgracia? —preguntó frente al semillero.

—Las puertas abiertas nunca necesitaron guardianes, podéis comprobarlo vos mismo. Mientras permanecían tapiados y custodiados todos los accesos a vuestro jardín, las puertas de mi casa siempre han estado abiertas y nadie ha osado asomarse para curiosear. Lo más evidente siempre esconde lo más oculto. Pero está escrito en el libro sagrado del Edén que llegará un día en que los hombres envenenarán la misma simiente de la vida y poseerán la magia capaz de transmutar la propia inteligencia de cada semilla. Crearán así seres monstruosos y entonces nuestro jardín será el único referente, la esencia pura e incólume de la vida que pugnará por mantenerse impoluta.

—¿Y pensáis que metiendo en el gallinero un zorro como Yassin lograréis preservar esa pureza?

—Así dice el hadiz que el Paraíso está rodeado de maldad y el infierno de belleza. Pero hasta que el jardinero no ve claramente la señal que lo identifique, el sucesor puede ser cualquiera. Un ladrón, una esclava, incluso un asesino. De pronto una planta inadvertida sobre la que he pasado y pisado mil veces, a la que ni tan siquiera me he dignado a considerar, irrumpe en mi vida. Me deslumbra con su radiante presencia. La que apenas ayer ignoraba, hoy ocupa los lugares más emblemáticos del jardín. Cuando encontré aquella «flor del agua» —dijo señalando el magnífico lamiastro que se extendía reptando junto al sendero— hallé por primera vez la plata en el verde. La hoja bañada en reflejo lunar y sobre ese corazón una mancha de sangre que aparece y desaparece.

Caminaron aún hasta el pie de los arrayanes que flanqueaban las orillas del estanque y el sultán admiró su impresionante porte, preguntándose cómo podían haber crecido hasta la altura de un hombre en tan breve tiempo. Al Yannan se detuvo entonces invitando al monarca a sentarse a la sombra del espléndido seto, mirando las aguas calmadas.

—El propósito de los vegetales sobre la Tierra es atraer la luz y reflejarla en forma de vida y hermosura y *baraka* en todas las direcciones. Ellos son uno de los pilares fundamentales del jardín.

—¿Cuáles son esos pilares?

—Los pilares del poder del jardín son cinco: el primero es el tiempo, que otorga fuerza, inteligencia y sabiduría al jardín, al árbol y al bosque. El segundo es el espacio, que ofrece la medida de su poder sobre la tierra. El tercero, la atención, que puede convertir un simple arriate en un verdadero corazón verde, en un santuario capaz de irradiar luz a todo su entorno. El cuarto es el abandono, que permite a los vegetales manifestarse tal como son, con la mínima intervención del jardinero, de modo que la tierra se exprese con libertad; cada jardín, grande o pequeño, debe siempre reservar un lugar para la vida silvestre —dijo señalando un rincón inculto y especialmente exuberante y llamativo.

Y el sultán lo observó asombrado de no haber reparado antes en aquella espesura.

—¿Y el quinto? —preguntó.

—Los animales, los árboles y las plantas constituyen la esencia del jardín y deben encontrarse en su lugar adecuado. El jardinero forma parte de este quinto elemento como servidor y habitante del jardín. Es el que inicia y siembra, pero al fin debe limitarse a observar y ser una pieza más en el tablero.

V

La casa del jardinero

Aunque el sultán siempre pensó que el jardín era ante todo un lugar para su propio disfrute, igual que el palacio y las construcciones adyacentes, lo cierto es que habían sido los arquitectos, obreros y jardineros quienes habían gozado con plenitud de la realización de estas obras. Los espléndidos mosaicos y azulejos crecían geométricamente al son de *La illaha ill Allah*, «no hay dios sino Dios», o la recitación incesante de los suras, que colocaban a los artífices en un trance extático capaz de disolverlos en el momento, en el jardín, en aquello que traían entre manos y quedaría para siempre impregnado de su espíritu.

Durante una vida, como un orfebre, el alarife se entregaba a su paciente trabajo en la escayola para tallar mil veces un mismo y minúsculo versículo del Corán hasta completar un pequeño trozo de pared o un capitel. Saturaba y deslumbraba sus sentidos hasta apaciguar la mente y liberarla de toda otra cosa que no fuera la paz y el silencio. Conforme avanzaba su obra, el obrero se hacía más discreto y silencioso.

—El sultán —decía uno de aquellos alarifes a su círculo de amigos— es el que paga los materiales y la comida de los que hacemos realidad nuestros sueños. Pero una vez realizado el sueño nadie desea quedar atrapado dentro, por muy bello que sea.

Desde el ostentoso palacio, Abdalah comenzó a entender esta realidad, que por supuesto jamás habría de llegar a sus oídos. Ocurrió un día en que había ido a visitar a su jardinero. Quería ver cómo vivía y, con esta intención, en vez de buscarlo en el jardín se acercó caminando por el exterior, directamente hasta la caseta. Atardecía y lo primero que vio, sobre el dintel de su puerta, fueron las monedas de oro y plata pegadas con argamasa en la fachada. Refulgían con los últimos rayos y por un momento pensó que se trataba de un adorno petulante. Enseguida se dijo que, viniendo de su jardinero, podía ser una burla. Pero unos segundos después recordó sonriendo que, al darle la primera paga, le había sugerido que fuera para adorno de su casa. Permaneció un rato observando el diseño, la figura geométrica, el orden matemático en el que las había colocado de un modo elegante, sencillo y a la vez magistral.

Llamó entonces a la puerta abierta sin obtener respuesta y esperó unos instantes. Entonces decidió entrar. Quitándose las babuchas atravesó la oscuridad y sintió el suelo fresco y seco de tierra batida. Al otro lado, la puerta que daba al jardín estaba abierta también.

En el interior, tan solo pudo distinguir unos haces de hierbas, una manta, la alfombrilla de oraciones y sobre ella un cuenco y el tambor. Un pequeño fuego ardía apenas en la estufa.

Se adentró en el jardín, y el aire caliente, colmado de aromas, lo recibió con una algarabía de chicharras y trinos. Se quedó allí sentado, al pie de un albaricoque joven y lozano, dejándose acariciar por la suave brisa y el hechizo del crepúsculo.

Por la pequeña chimenea de la casa del jardinero subía derecha hacia el cielo una estrecha columna de humo. El sultán veía las numerosas columnas que ascendían de su palacio, inclinándose siempre a uno y otro lado, como a punto de derrumbarse sobre los tejados. Admiró entonces la soberbia fachada que daba al jardín y se dio cuenta de que la caseta del jardinero y el propio jardín eran los mejores lugares para contemplar todo el esplendor de su palacio. En ese instante pensó que la humilde casita en el fondo del jardín parecía la morada del verdadero dueño de aquel majestuoso mundo, mientras que el palacio, con sus magníficas salas y sus criados, incluso él mismo, estaban al servicio del humilde jardinero y su vergel. Cuando al fin apareció Al Yannan, tomaron un té negro y ardiente, a la vez dulce y amargo, bajo la tejavana; pero apenas hablaron y el sultán se retiró pronto. Ya en palacio, se encontró con su querida Sahar junto a la sala de audiencias. Ni siquiera la miró. Continuó cabizbajo y silencioso y se refugió en su almohada de lúpulo en un sueno profundo como un abismo sin fin.

MAKHLA · *Phoenix dactylifera*

VI

El otro lado

Despertó con un sobresalto y se percató enseguida de que no se encontraba en su alcoba, sino tendido sobre una alfombrilla en el mismo suelo de una sala oscura y vacía como una mazmorra. En la penumbra tardó en distinguir frente a él una fuente repleta de dátiles y un jarro de bronce lleno de agua. Pero en aquel momento lo último que deseaba era comer o beber. Comenzó a dar voces llamando a sus servidores, a la guardia, a Sahar, a Ibrahim.

Pero nadie acudió, y sus propios gritos resonando en los recios muros de aquella torre lo asustaron.

Sus ojos se acostumbraron poco a poco a la oscuridad. Tan solo una pequeña celosía, a unos diez metros de altura, alumbraba aquella estancia. Estaba situada en la pared sur, a juzgar por los finísimos rayos de sol que se estrellaban formando un mosaico en el muro opuesto. Bajo este mosaico de luz, un recio e inmenso portón tenía otra pequeña abertura, el ojo de la cerradura, como una diminuta ventana en la faz del edificio.

Abdalah no sabía qué hacer ni qué pensar. Se sintió prisionero y esperó en vano a que sus carceleros se presentaran y exigieran un rescate o le explicaran cómo había llegado hasta allí. Intentó hacer memoria, pero su último recuerdo se detenía en su confortable alcoba.

Muy pronto perdió la cuenta de los días que llevaba encerrado y comprendió que era imposible escapar de su prisión. Pero lo que más le asombraba era la fuente y el jarro, de contenido inagotable. Inexplicablemente siempre contenían la misma cantidad de agua fresca y de jugosos dátiles. Y en ningún momento escuchó siquiera unos pasos o una voz que delataran la presencia de sus guardianes. Había desgranado de manera meticulosa todas las posibilidades de su captura. Una revuelta o una traición figuraban entre las más verosímiles y construyó numerosas conjeturas que iba desechando y retomando de manera obsesiva.

Sin duda, en todo este tiempo, su jardinero fue el principal sospechoso. Lo vio incluso sentado en su trono, en brazos de su amada, riéndose de su sultán. Pero, ¿cómo había logrado hacerse con el reino? Esta era la pregunta más difícil de responder y, sin embargo, conforme pasaban las semanas y los meses, la extraña naturaleza del lugar en que se encontraba le parecía una prueba irrefutable. Sólo conocía una persona capaz de encerrarlo en un mundo mágico como el que lo rodeaba.

Desde el primer momento, el ojo de la cerradura se había convertido en su *mihrab*, su cielo, su anhelo, y después de mirar largo rato aquella silueta de luz, dondequiera que mirara o cerrara los ojos, aquella imagen lúcida y perfecta permanecía como clavada en su mente.

La torre que lo encerraba era en sí misma un misterio por la solidez y perfecta factura, y con frecuencia sentía que de algún modo estaba dotada de vida y movimiento. Cualquier sonido, por débil que fuera, crecía en el eco del edificio y retumbaba en su cabeza, y llegó a pensar que aquellas paredes eran el cuerpo en el que él habitaba como un espíritu. Veía incluso el único orificio, la diminuta ventana que le permitía contemplar el mundo, como el ojo de aquella torre, y allí permanecía asomado largas horas contemplando un mundo tan irreal y lejano como su propio pasado. Su anterior existencia como sultán se le antojaba entonces un sueño o un deseo inalcanzable, y su verdadera identidad era aquella torre altiva que lo acogía y servía de refugio a vencejos y golondrinas.

Con todo, lo más extraño e impresionante era el paisaje que atisbaba por aquel agujero. Era un mundo siempre inmóvil e igual, pero, de algún modo, cambiante y distinto a cada instante. En la lejanía aparecía un espléndido palacio que refulgía como el oro. Era tal la hermosura de sus formas que en más de una ocasión se encontró llorando, inmerso en la contemplación de aquella belleza. La perfección de sus torres, su mezquita y su alminar eran imposibles y a la vez le resultaban familiares y reconocibles. Por un momento creía ver en aquella maravillosa ciudadela la alcazaba de aquel sultán que soñaba ser o haber sido. Luego la ilusión se desvanecía y se convertía a sus ojos en la morada mágica del genio o sultán que lo mantenía prisionero.

Entre la torre y el palacio había una larga acequia rodeada de jardines, y un desierto inmenso se extendía hasta donde alcanzaba su vista.

Al principio, el agua de la acequia estaba demasiado turbia y tan solo distinguía los reflejos de su superficie, siempre en calma. Observó que este espejo no mostraba el movimiento. Ardía el alminar como una vela tras el velo de calor que ascendía desde la arena inflamada, pero su reflejo parecía templado en el agua del estanque.

La imagen era tan nítida que comenzó a sospechar que lo que se encontraba fuera era en realidad un reflejo de lo que había dentro. Esta idea le turbaba de manera tan profunda como el significado de las hileras de mirtos secos que flanqueaban como esqueletos invernales las orillas del estanque.

Con el transcurso del tiempo tuvo la impresión de que las aguas se iban aclarando y presenció con verdadera conmoción el brote de hojas primaverales en el reflejo, hasta que los arboles de la acequia aparecieron enteramente vestidos mientras los de la superficie seguían desnudos como raíces.

—Seguramente despertaré para comprobar que todo ha sido una pesadilla —se decía con frecuencia. Pero a juzgar por las flores y los frutos del mirto, varias estaciones se sucedieron en el fondo del estanque, y el sultán se rindió a la evidencia de que había enloquecido o estaba inmerso en un terrible hechizo, bajo el que tan solo podía escrutar la realidad a través de un ojo de cerradura que lo asomaba a aquel espejo que reflejaba el mundo al revés.

Pronto se encontró a sí mismo hablando en voz alta, contestando los chillidos de los vencejos o adoptando la voz profunda y solemne de un inmenso torreón, para conversar con los arrayanes, que continuaban desvelando de forma lenta e incesante la única imagen palpable de realidad y movimiento en aquel mundo absurdo.

Tres veces floreció el arrayán y los recuerdos de su anterior existencia se habían debilitado tanto que apenas recordaba su nombre, el de su último jardinero y el de Sahar. Pero había soñado tanto con ella que llegó a olvidar su rostro.

Sólo entonces decidió que para distraer la locura debía hacer algo más que mantenerse en forma con los largos paseos que daba a diario deambulando por la estancia; o con las plegarias y recitaciones que había repetido religiosamente desde el primer día de su encierro.

Se puso manos a la obra a trabajar el asa de su jarro de agua, que pudo arrancar sin dificultad. Comenzó a darle forma sirviéndose de los pocos medios a su alcance: durísimos huesos de dátil, los pequeños salientes de las piedras, los remaches de hierro de la puerta... le sirvieron para moldear una forma ya prefigurada en el asa. Lo había descubierto tiempo atrás, durante una de sus extáticas contemplaciones de la «ciudadela de oro». Como una revelación, había comprendido que el asa tenía una silueta enormemente parecida a la de la alcazaba. Con este modelo tardó toda una semana en darle una forma casi exacta, aunque aún curva como el asa. Y fue mientras intentaba enderezarla, usando el ojo de la cerradura para hacer palanca, cuando halló la clave de aquel cerrojo.

Vio al instante que el alminar del asa tenía la silueta del mismo ojo de la cerradura. Este era el primer diente, el resto del palacio entró como pie en babucha vieja. La torre de la alcazaba en segundo lugar, por último, la torre de vigilancia. Abdalah tardó varios segundos en girar aquella llave. Con la respiración agitada y el corazón galopante, lo hizo al fin y el pasador corrió como recién engrasado.

Empujó la puerta, que se entreabrió sin un quejido, y el sultán quedó cegado por un estallido de luz que entraba a raudales.

Mucho temió, dudó y se demoró en cruzar aquel umbral. Pero al fin lo hizo, aún deslumbrado por la luz de un mediodía radiante. Se sorprendió entonces tratando de regresar a la torre que había sido tanto tiempo su hogar. Por primera vez la veía casi tal y como la había imaginado. En un impulso decidido desechó la idea, cerrando la puerta a sus espaldas, y entonces vio aquel ojo que había sido su luz y su ventana al mundo, oscuro y apagado; sobre una puerta que ahora resplandecía.

Dio unos pasos tambaleantes hacia el estanque, pero ebrio de luz y aturdido, trastabilló unos instantes en la orilla y cayó aparatosamente a la superficie quieta como un cristal. El cristal se hizo líquido y Abdalah se debatió un momento conteniendo de forma desesperada la respiración. No tardó en hundirse. Sentía un frio intenso y los pulmones a punto de estallar. Abrió de forma desmesurada la boca en un último espasmo de inspiración...

Tardó mucho en asimilar la siguiente escena. Se encontraba jadeante en una bañera. Sahar, su médico y algunos criados lo miraban enormemente preocupados, pero percibió gestos de alivio en sus caras.

VII

Los secretos del jardín

Varios días más tarde, el rey se había repuesto de aquella enfermedad desconocida que lo había sumido tres días y tres noches en un sueño profundo. Supo enseguida que en su ausencia el reino no había sufrido contratiempos, pero sí muchos cambios de los que no sabía si alegrarse. En primer lugar, el jardinero y la bella Sahar habían impuesto su autoridad de un modo natural, y le sorprendió que no se hubieran producido altercados o disputas al respecto. El buen Mahmud parecía haber permanecido en un segundo plano y todos se habían volcado de alguna manera en el jardín y tenían una idea bastante exacta de cuanto allí sucedía.

El sultán quiso ver por sí mismo los maravillosos acontecimientos que le anunciaron y emprendió, guiado por su jardinero, una parsimoniosa visita. Ciertamente, en unos pocos días se diría que hubieran transcurrido años, a juzgar por el desmesurado desarrollo de árboles y plantas. Pero Abdalah no supo apreciarlo en su justa medida, pues se hallaba aún bajo el influjo del extraño sueño, que recordaba de forma muy viva. Se ocupó largo rato en relatarlo de forma pormenorizada al jardinero, sin omitir los recelos que había sentido hacia él y los aspectos más íntimos de su experiencia.

—¿Qué significado tiene este sueño? —le preguntó al fin.

—Significa que vuestros delirios de grandeza han llegado a su cenit. Ahora debéis descender hasta el mundo de lo real y cotidiano. Habéis crecido como una parra, sin guía ni limitaciones, pero a todas las parras les llega tarde o temprano su hora. Los brotes dejan de crecer y la planta se seca o madura un buen moscatel.

—Pero, ¿qué me ha sucedido? ¿Hay alguna explicación para mi enfermedad?

—Se cuenta que el príncipe Abú Zayed se encontraba al frente de una caravana, peregrinando a la Meca. Era un hombre despreciado por sus crímenes y excesos de toda clase y se decía que la ruina asolaría el país el mismo día en que ocupara el trono. Aquella peregrinación no era para el príncipe un simple trámite: se sentía atrapado, cansado de su forma de vida. Era el mes de Ramadán y al fin de la última plegaria, según la leyenda, formuló esta petición: «¡Oh, Alá, líbrame para siempre de las tentaciones y de los placeres del Mundo!» La noche se hizo en un instante. La noche de Khadir en la que todo es posible. De pronto quedó sumido en una negrura de tal magnitud que perdió el habla, la memoria y el entendimiento, y cuando comenzó a recobrarse, aseguró que había escuchado la conversación de las estrellas. Vio a Alcor y Mizar, el caballero y el jinete, descendiendo como una estrella fugaz, acercándose a él hasta llegar a su lado, al pie de una gran palmera. El propio Khadir, el guía de los jardineros, vestido de rojo y verde, asistió al encuentro y aquel trance cambió de tal modo al príncipe que todos cuantos lo conocían daban gracias a Alá. Así se convirtió en el sabio sultán que todos recuerdan. Creo que en vuestro caso ha ocurrido algo parecido. Habéis llegado al fondo y formulado el deseo de salir de vuestro abismo. Quienes frecuentan este jardín, tarde o temprano sufren una transformación profunda o se alejan porque no pueden soportar la intensidad de su *baraka*.

Y verdaderamente ocurrió como si algo en el interior del sultán hubiera cedido, permitiéndole mostrarse más relajado y feliz y por tanto más despierto. Fue así como empezó su verdadero aprendizaje. La mayor prueba del cambio, como le hizo notar enseguida el jardinero, fueron los primeros callos y sudores, pero sobre todo la ingente cantidad de pequeños secretos del jardín. Ínfimos y esenciales sucesos que antes ni siquiera se habría dignado a observar, se revelaban ahora como los mismos cimientos de la enseñanza de Al Yannan. El sultán comenzó a comprender la inmensidad de aquel legado y le maravilló comprobar que ni siquiera su maestro poseía todas las respuestas y se consideraba a sí mismo un ignorante aprendiz.

—Si tú eres el aprendiz, entonces ¿qué será tu aprendiz? —preguntaba el monarca.

—Vos, majestad —contestó con sorna el jardinero—, sois el bebé que deja de mamar y ya quiere ser un jardinero como su padre.

Aquellos fueron días de una plenitud hasta entonces insospechada para Abdaláh. Comenzó a delegar sus funciones en el visir y los cadíes de la corte. Pasaba día y noche en el jardín. Allí, según descubrió, se reunía un nutrido grupo de personas de toda condición: Sahar y su joven escriba, Ibrahim y algunos otros notables, compartían los trabajos y las enseñanzas del jardinero con gente de toda clase que entraba por la caseta de Al Yannan y recibía por su parte un trato igual que el de las personalidades.

Esta fue para el monarca una de las cuestiones más difíciles de aceptar, sin embargo, las suspicacias se desvanecían en cuanto el jardinero comenzaba a revelarles sus conocimientos. Así aprendieron que el mejor momento para recoger el orégano es cuando las abejas liban sus flores y que, cuando lo hacen las mariposas, el orégano ha comenzado a pasarse.

—La tila y la mejorana mientras la abeja está en la rama —decía Al Yannan. Aprendieron que la mayor parte de las flores blancas, como las del jazmín y la valeriana, la madreselva o la jabonera, esparcen con preferencia su aroma en la noche y con su blancura radiante atraen polillas e insectos nocturnos, y que por su vistosidad son especialmente adecuadas para los jardines noctámbulos, pues parecen irradiar luz propia en la oscuridad.

Asistieron con asombro a un concierto luminoso que la luciérnaga ofrecía arrimándose a unos cristales de cuarzo que el jardinero había colocado en la almáciga de las violetas. Y pudieron ver las mil facetas de la luz verde prendidas en el cristal.

Componían versos poblados de flores y aromas, de las aves y estrellas que habitaban aquel jardín en un número impresionante. Y con frecuencia se detenían al unísono a escuchar el canto del ruiseñor, la alondra o el mirlo, o entonaban en su ausencia sus cantos y sus oraciones.

Entre los numerosos bancales de aromáticas, se demoraban durante la escarda y alargaban sus conversaciones. Ebrios con aquellos paradisiacos efluvios, escuchaban como en un sueño al jardinero.

—Alá da los minutos de uno en uno y cada uno lo tiñe con una fragancia distinta —les decía haciéndoles cerrar los ojos para que pudieran inspirar la esencia misma de aquella atmósfera saturada, y les instaba a observar los distintos matices y cambios en los aromas de una misma planta a lo largo del día y las estaciones.

—Como reza el hadiz —añadía con frecuencia—, el Profeta amaba los perfumes y el brillo de los ojos en la oración.

Pero el jardinero también les enseñaba trucos sencillos, como el uso de los tallos flexibles de la espadaña, la correhuela y la cincoenrama para hacer toda clase de ligaduras y fijar los tallos de las trepadoras o los injertos.

Durante un crepúsculo dorado y caluroso, Al Yannan tomó a Sahar de la mano y, apartándose del grupo, la condujo silenciosamente por los senderos hasta un seto de alheñas. Allí le enseñó a capturar unas mariposas que venían en gran número a las flores. Las apresaba unos instantes en el hueco de sus manos unidas y recogía así el polvillo de sus alas para soltarlas al momento y repetir la operación hasta que las palmas estaban teñidas de un intenso negro azabache con brillos metálicos. Le contó que este era el secreto de Zarqa Al Yamana, la mujer de vista maravillosa, que untándose las pestañas con este polvillo podía ver más allá que cualquier otro, y cuyo aleteo la hacía más seductora que las propias mariposas.

Así pareció contemplar el sultán a su amada cuando regresaron al grupo, y los celos que en aquel momento le asaltaban se trocaron al instante en asombro. Pues Sahar lo invitaba a que descubriera el cambio, y con la última luz del día Abdalah, no dejaba de mirarla embelesado y la encontraba más bella que nunca, pero no acertaba a desentrañar el misterio.

En otra ocasión, mientras hablaban con Ibrahim sobre las virtudes de las plantas para aliviar los males del cuerpo y el espíritu, el jardinero y sus aprendices se detuvieron junto a una espléndida aguileña. Habló Al Yannan en voz tan baja que todos prestaron una especial atención.

—Mi maestro me contó que esta flor se la debemos a nuestra primera madre. Eva creía que las aves que nadaban en los sagrados estanques del Edén eran la pura esencia del Paraíso y rogó a Dios que no privara a los hombres de su presencia. El Todopoderoso dio a elegir entonces a las aves del Paraíso una vida siempre libre en aquel maravilloso reino o acompañar a los hombres en su destierro. Las aves se reunieron entonces de cinco en cinco en un interminable abrazo, pero no terminaban de decidirse. Alá las convirtió entonces en flores y regaló a Eva sus huevos, estas diminutas semillas, para que todos los seres humanos tuvieran por siempre un recuerdo del reino del Edén... Así nos lo relató mi maestro —concluyó—, pero no se podía creer todo lo que decía. Nunca sabíamos a ciencia cierta si sus historias eran fábula o realidad.

—Y ¿cómo podemos distinguir la naturaleza de las historias de nuestro maestro? —preguntó irónico Ibrahim esbozando una sonrisa.

—Eso es aún más difícil —contestó el jardinero con un guiño—, aprendí mucho de mi maestro.

Un buen día, como por descuido, Al Yannan anunció al sultán:

—Creo que ahora estáis preparado para entender las cosas más simples. Tenéis que empezar a pensar en el Paraíso, pero no como un lugar o un logro que se construye con esfuerzo; el Edén es antes que nada una actitud, un estado de escucha y acercamiento al que accedéis cada vez que olvidáis vuestros miedos y vuestras ambiciones y permitís que vuestro propio espíritu tome las riendas de vuestra vida. De este modo os dirigís de forma inequívoca hacia ese estado, tan fácil de hallar como de perder. El Paraíso es más un descanso que un esfuerzo, un tiempo que un espacio. Al principio viene y va, conforme aprendéis a reposar y comunicaros, a escuchar la voz de los árboles. Más tarde entenderéis que cultivando sencillamente esta experiencia podéis prolongar vuestra estancia en el Paraíso y regresar a él siempre que lo deseéis.

Aquella misma noche, Al Yannan guió al monarca a través de los campos bañados en la luna creciente, a la salvaje extensión de colinas y bosques que ascendían hacia el oriente. Comenzaba así una serie de encuentros en los que el sultán descubrió con ojos nuevos sus propios dominios. Los sentidos cobraron para él en aquellos días una nueva dimensión. Aprendió a distinguir las plantas, mucho antes de encontrarlas en la oscuridad, por su aroma, mientras el jardinero le incitaba en esta búsqueda y le jaleaba como a un perro, dándole pistas sobre qué o hacia dónde debía buscar.

Le enseñó a mantener las narices siempre despejadas, haciendo unas rápidas espiraciones por la nariz, forzadas con espasmos del estómago, a estar atento al más leve cambio de los vientos y a apostarse siempre enfrentándolos. Al principio sólo era capaz de seguir el rastro de los olores más intensos: el tomillo, la alhucema o la manzanilla; pero muy pronto su olfato se desarrolló de un modo tan extraordinario que podía barruntar en la oscuridad incluso la pequeña zamarrilla o el calamento. Tras cada hallazgo, el jardinero comenzaba a hablarle de las virtudes y querencias de cada planta y, con cierta frecuencia, recogían algunos pies para llevarlos al jardín.

El sultán aprendió en aquellos días muchos secretos del Cielo y de la Tierra, del jardín y del jardinero, y conforme más indagaba en las relaciones y el carácter de las plantas, los árboles y los insectos y todos los seres que habitaban el vergel, más los apreciaba por sí mismos y más se acercaba hacia su comprensión como iguales, tal como el maestro le había enseñado. Pero aún le costaba entender que los otros hombres eran sus iguales, cualquiera que fuera su ascendencia o su condición. Al Yannan lo animó a que hiciera excursiones en solitario por la serranía. Y para disgusto del fiel Ibrahim y el preocupado Mahmud, el sultán sentía en estas caminatas interminables un gozo y una libertad indescriptibles. A veces se demoraba días, y con inmenso orgullo pudo mostrar a su maestro plantas o lugares que éste no conocía. Y antes que nada experimentó la necesidad de alejarse de vez en cuando de su jardín. La importancia de contemplar desde fuera y desde lejos, para poder apreciar y entender.

VIII

La dulce Sahar

Sahar era menuda y esbelta, altiva y humilde al mismo tiempo. Sus ojos y sus cabellos eran de un negro insondable y su piel morena fue tomando en el jardín el brillo del cobre recién bruñido. Su carácter era tan dulce y radiante como su sonrisa, y desde niña estaba acostumbrada a que todos a su alrededor la contemplaran primero un tanto embobados y se rindieran a continuación a su natural inocencia.

Sin embargo, quienes más estrechamente la frecuentaban pudieron advertir un deje de soledad y tristeza bajo la perpetua jovialidad de su semblante. Cuando el jardinero apareció en su vida, Sahar se enamoró al instante de él, pero en vez de amarlo como persona, lo adoraba en secreto. Como a un ángel o un dios caído del cielo. Ideaba mil modos de encontrarlo a solas, y esta secreta pasión la hacía sentirse viva, feliz y desgraciada al mismo tiempo. De este modo le fue desvelando todos sus sentimientos, sus pensamientos más íntimos, sus más ocultos miedos y aspiraciones.

Un día en que como tantos otros se habían tropezado «casualmente», al pie de una frondosa higuera, Sahar quiso que el jardinero interpretara un sueño muy vívido y repetido a lo largo de los últimos años de su vida.

Se encontraba al pie de una gran montaña, el sol acababa de ponerse y un manto oscuro se extendía cubriendo el cielo desde el horizonte del alba hasta el del ocaso. A su lado estaban sus padres, silenciosos. De pronto, los tres descubrían tres puertas descomunales, imponentes, en mitad de aquel monte. Caminaban entonces hacia ellas y cuando se encontraban allí, como enanos frente al palacio de un gigantesco genio, descubrían que aquellos portones eran infranqueables. Sahar sabía que ni siquiera debían aproximarse y mucho menos intentar abrirlos, pero la curiosidad los vencía de nuevo y, con un presentimiento aciago, comenzaban a girar los inmensos cerrojos que nunca deben abrirse. Cuando estos cedían, los tres sabían que aún tenían la oportunidad de no abrir la terrible puerta, y, aun así, los tres empujaban al unísono hasta abrir con esfuerzo un resquicio suficiente para pasar.

Dentro, la enorme estancia estaba en penumbra. Había allí mucha gente. Todos de espaldas, en absoluto silencio. Pese al estrépito del portón nadie se volvía para mirarlos. Sentados o acuclillados como en una mezquita, hombres y mujeres permanecían sin apenas moverse de su sitio y conversaban entre ellos en voz baja. Algunos eran enteramente normales, pero otros estaban más o menos desdibujados, como a punto de disolverse, y apenas se diferenciaban entre sí. Sahar caía entonces en la cuenta de que todos eran en realidad difuntos, y se percataba de la presencia de Fani, una niña de unos doce años que la perturbaba profundamente con sus sollozos. Permanecía apartada del resto y, aunque casi no se la oía, sollozaba inconsolable. Apenas posaba su atención en ella, Fani se acongojaba aún más y rompía a llorar desesperada, con una tristeza tan honda que Sahar comenzaba a sentirse herida, despedazada, contagiada por aquella devastadora angustia.

Fani se levantaba de su asiento para acercarse a Sahar con desesperación, y Sahar y sus padres sabían que tenían que salir de allí de forma inmediata, pues no podían llevar a Fani con ellos y comprendían demasiado tarde por qué nunca debían haber entrado. Iban retrocediendo con rapidez hacia la puerta, pero en el mismo quicio la niña los alcanzaba.

Sahar despertaba entonces bañada en lágrimas y sudor, y la inquietud que le producía el sueño perduraba horas y días, hasta el punto de hacerle temer la hora de ir a dormir.

Con lágrimas en los ojos terminó el relato de su sueño. Al Yannan la escuchó tan silencioso como la higuera que los amparaba.

—Esa niña eres tú —dijo el jardinero al cabo de un rato—. Tú y todas las personas y cosas con las que te encariñas pese a que están destinadas a desaparecer. Fani es el pavor que nos paraliza hasta que aprendemos a mirarlo cara a cara y aceptarlo sin que llegue a dictar nuestros quehaceres y nuestras decisiones. Es un sueño muy profundo y completo. Esas puertas son las puertas del mundo de los muertos, pero, sobre todo, encierran el terror que sentimos a lo desconocido. Somos seres perecederos y todos cuantos nos rodean desaparecerán un día, tarde o temprano. Pero tu sueño perdurará hasta que seas capaz de abrir esas puertas de par en par y permitir que Fani salga de su prisión. Hasta ese día las puertas deben permanecer bien cerradas y con los cerrojos corridos. En el jardín aprenderás a aceptar con naturalidad que todo tiene un fin, un otoño, un tiempo de decadencia y vejez y un final que no debemos prolongar más de lo necesario. Sabrás que a fin de cuentas no hay tanta diferencia entre nosotros y las hierbas, los árboles o las aves. Verás que la seguridad en la que pretendemos instalarnos reteniendo afectos o riquezas es un empeño costoso y vano. El día en que Fani sea libre de atravesar las puertas para regresar, seguramente comprobará que es un imposible. Deberá arder en el devastador sufrimiento de quien se niega a caminar hacia delante por el pavor a lo desconocido. Es posible que su vida haya sido breve o insatisfactoria, y el futuro es siempre incierto. Pero no podemos postergar el siguiente paso, aunque nos conduzca directamente al abismo. Sólo el que está por fin dispuesto a seguir y seguir logra percibir en toda su intensidad la fragancia del jardín. Sólo entonces serás libre y capaz de valorar la vida, que transcurre tan breve como el canto del mirlo. Sólo en ese instante somos capaces de invertir toda nuestra alma, nuestra intención, nuestro conocimiento y nuestro sentimiento para encontrar la plenitud y la eternidad en ese instante. Fani continúa aterrorizada porque nunca ha llegado a despertar y vivir la vida real. Pero cuando el miedo cede a la confianza, todo paso que damos en dirección al vacío nos conduce a una tierra cada vez más firme, y al mirar atrás nos parece que estamos saliendo de una ciénaga tenebrosa y traicionera.

IX

Los jardines de Abla

—Hay dos clases de personas: las que siempre van en pos de la fama, la riqueza y el poder y los que caminan por los senderos de lo cotidiano. Las primeras se mueven siempre de abajo a arriba. El éxito o el fracaso, y la muerte, les muestran la futilidad de sus aspiraciones. Las segundas caminan buscando el terreno llano, comprenden que lo que se sube debe bajarse y lo que se baja, subirse; pero no buscan ni desean otra cosa que el placer y el mínimo esfuerzo. Mi maestro solía decir que, al nacer, Dios otorga a cada uno cinco monedas; el que atesora más lo hace invariablemente a costa de los montones ajenos, y quien se deja despojar puede terminar desnudo y vacío. En cualquier caso, cuando la muerte los alcanza ambos son como una cáscara de caracol a la que la luciérnaga ha sorbido su interior. A caballo entre estas dos actitudes, el peregrino. El nómada o el viajero nunca carga más de lo necesario. La meta para ellos es tan solo un punto en la lejanía. Lo importante es el té bien caliente, el paso siguiente, el nudo presente. «El que bien ata, bien desata» dicen los arrieros. El nómada cuida de su familia, da de beber y comer a su caballo y, si puede, todos los días lo cepilla. Encuentra la felicidad en las cosas pequeñas y sencillas y, antes de darse cuenta, el camino, la Meca y él mismo se encuentran en el mismo lugar.

Hablaba Al Yannan a un grupo de discípulos al que se incorporaron un mercader de Córdoba y dos soldados. El sol comenzaba a templar el jardín aún somnoliento y el jardinero comenzó a distribuir los trabajos del día. Después de estirarse a su gusto como un felino, se acercó al estanque para refrescarse y terminó frotándose los antebrazos y el cuello con unas hojas de hierbabuena. Abdalah lo había seguido y, después de un prolongado silencio, se atrevió al fin a preguntar:

—Y yo, Maestro, ¿qué trabajo haré hoy?

—Hoy me acompañaréis a un pequeño viaje. Cambiad vuestras ropas con las del más humilde de nuestros amigos, os esperaré en la caseta.

—¿Dónde vamos? ¿Tengo que llevar comida o alguna otra cosa? —preguntó el sultán nervioso.

—Sólo tenéis que ir bien disfrazado para que nadie os reconozca. Hoy quiero mostraros la más profunda fuente de mi conocimiento.

Al cabo de un rato emprendían el camino, después de que Al Yannan, riendo con ganas, hubiera arreglado la imagen del sultán con algunos ajustes a sus ropas.

El viaje fue mucho más breve de lo que el sultán había supuesto. Llegaron a mediodía a una aldea de los alrededores y se detuvieron bajo un arco sin puerta que daba paso a un frondoso patio. La umbría y la frescura del diminuto jardín les recibieron con una bocanada de aire fresco, cargado de sugerentes aromas.

De pronto, Al Yannan gritó con todas sus fuerzas:

—¡Abla! ¡Abla! ¡Por Alá, ven a dar de beber a dos peregrinos sedientos si no quieres que nos caguemos en tu pozo! —y se apartó con una carcajada en el momento mismo en el que una piedra salía despedida desde un pequeño ventanuco y venía directamente a estrellarse en la cabeza del sultán.

Éste tuvo el tiempo justo de esquivarla y la oyó pasar zumbando junto a la oreja. Permaneció atónito y petrificado, sin atreverse a desviar la mirada de su oculto atacante, mientras veía por el rabillo del ojo a su jardinero, doblado por la risa, oculto y a buen recaudo, en el lado exterior de la arcada.

—¡Ojalá se os lleven los demonios y se os sequen los cojones como uvas pasas! —se oyó decir, al tiempo que una vieja encendida de ira se asomaba al corredor y parecía a punto de abalanzarse sobre el mudo y boquiabierto sultán —. ¡Marrano infiel! ¿No te han enseñado a respetar la siesta de una pobre anciana?

Balbuceaba Abdalah sus disculpas, mirando implorante al jardinero, que no podía socorrerlo, pues trataba de sofocar la risa arrodillado en el suelo polvoriento. Entonces cometió el error de acercarse, se colocó justamente debajo del corredor, y esta vez no pudo evitar que aquella anciana iracunda le vaciara en la cabeza todo el contenido de su bacinilla.

—¡Bebe orines de vieja, para una bestia como tú debe de ser puro hidromiel! —y aquella endemoniada empezó a reír su propia gracia.

Asomó entonces la cabeza el jardinero y repitió entre sollozos de risa:

—¡Abla, Abla, danos de beber!

La vieja Abla fingió entonces un enfado aún mayor, pero su voz delataba alegría.

—¡Ah, truhan! Debería haber imaginado que eras tú. ¡Desgraciado! ¡eres el único que se atreve a importunar mis siestas!

Avergonzado, el sultán no se atrevió a decir una palabra y tan solo recibió, a modo de disculpa, dos recios manotazos de la vieja sobre su espalda. Se sentía tan confundido que ni siquiera pidió agua para lavarse o ropas para cambiarse.

Más tarde el jardinero lo presentó diciendo que era un sufí errante que estaba aprendiendo el arte de la jardinería, a lo que Abla replicó:

—¡Ni aunque hubiera sido el sultán! Sabes que trasnocho y madrugo y para mí la siesta es más sagrada que el ayuno de Ramadán.

Hicieron falta unas cuantas visitas para que el monarca dejara de sentirse atemorizado en presencia de Abla. Pero a partir de entonces, los frecuentes encuentros le revelaron un mundo para él insospechado, que le atraía como leña al fuego. Junto a la anciana apenas se atrevía a hablar, pues lo trataba con desprecio y le daba órdenes, o le mandaba recados sin ningún miramiento. Si alguna vez se decidía a hacer cualquier comentario, la vieja lo interrumpía diciendo: «¡Qué sabrá el borrico del jengibre!», o con cualquier otro jocoso desplante. Lo amenazaba incluso amagándole con un palo como a un perro vagabundo.

Por el contrario, Al Yannan bromeaba todo el tiempo con ella y la halagaba continuamente con lisonjas y piropos que traslucían un entendimiento envidiable. Abla lo trataba como a un hijo o un amante, mostrando siempre, sin ningún recato, su favoritismo.

Aquella mujer obtenía sus ingresos recogiendo hierbas medicinales en la serranía y dedicaba todo su tiempo libre al cuidado de su pequeño jardín. No tardó en comprender el sultán las razones por las que debía soportar el malhumor y los caprichos de la vieja. Su casa estaba siempre abierta, ¡salvo a la hora de la siesta, claro está! Poetas, músicos, hortelanos y jardineros, narradores y vividores de toda ralea, acudían muchas veces a su fama de infalible sanadora. Como ella misma solía decir, era la curandera de todos los males que aquejaban a personas, animales, plantas y cristianos... Y añadía casi siempre que eran los remedios de la montaña, y no ella, los que sanaban a sus pacientes.

Pero sobre todo la visitaban hacia el crepúsculo, pues sabían que «todo culo encontraba allí hueco» y las tertulias, que se prolongaban a veces hasta el alba, eran siempre tan diferentes como los recién llegados. Un día se cantaba y bailaba o se escuchaba el laúd. Al siguiente, la llegada de una vieja amiga de la anfitriona les ponía a todos a recitar un *zikr* que acababa de aprender en una *tarika* de El Cairo. O un curtido pastor, animado por la concurrencia, contaba todo su repertorio de cuentos, incluidos los chistes y las ocurrencias del famoso mulá Nashrudín. Se intercambiaban recetas de cocina y filtros de amor, remedios y sahumerios con la misma naturalidad con la que se recitaban versos o suras, o se escuchaban atroces juramentos y toda clase de obscenidades que habrían hecho palidecer al más bárbaro de los cristianos.

El sultán, que desde aquel primer y aciago día no dejaba de admirar la fantástica exuberancia de las plantas, comenzó a entender, a una sugerencia de Al Yannan, que aquellas reuniones tenían mucho que ver con su asombroso vigor y desarrollo. Desde su postura, siempre discreta, observaba a la luz de los candiles las enormes hojas, las flores y los tallos que parecían inclinarse a escuchar. Se diría que de algún modo participaban avivando el circulo de los amigos con su presencia y aroma, y contribuían a crear aquella atmósfera, cargada de vitalidad, en la que todos se sentían inspirados y confiados.

Una tarde, para vergüenza del sultán, apareció por allí un miembro de su guardia personal y no tardó en reconocerlo y ponerlo en evidencia.

—¡Aquí todos somos sultanes! —dijo Abla de forma tajante. El soldado salió inmediatamente abochornado y Abla atravesó con la mirada al encarnado monarca, como diciéndole: «¡Si abres la boca te inflo un ojo!».

Nadie más se enteró o se dio por enterado, y para alivio del sultán, prosiguió la animada conversación. Fue aquel mismo día, cuando Abla, dando una terrible voz, hizo callar a todos, rellenó los candiles de aceite, tapó el orificio de la fuente para que el murmullo del agua fuera más débil, y mullendo su almohadón se sentó solemne ante la expectación de sus invitados, para anunciar:

—¡Esta es la noche de Al Yannan!, el jardinero. Mi amante va a contaros cómo robó la primera flor en sus jardines.

Todos rieron, pero enseguida Abla los hizo callar de nuevo, preguntando ahora con voz un poco más seria:

—¿Qué es un jardín, jardinero?

—El jardín es uno y distinto, según para quién. Es una simple flor diseñada para atraer a un abejorro. Cuando el abejorro encuentra el néctar de esa flor aprende a beberlo y hallarlo en cualquier otro lugar, y casi siempre prefiere la ambrosía de las flores silvestres de perfume luminoso y vivo. El jardín es el cebo para atrapar a un aprendiz, y el maestro, el señuelo que atrae y realiza el jardín. Ambos son la misma cosa, o mejor aún, el mismo proceso, como el mirlo y su huevo, la semilla y el árbol.

Se hizo un silencio y la fuente que habitaba desde siempre aquel mágico patio destapó su chorro dejando oír su borboteante voz. Los tiestos parecieron desbordarse y sus plantas agitarse y aguzar el oído. De la enorme parra descendieron los sabrosos racimos, como constelaciones de puro hidromiel.

—No te hagas el místico y cuéntanos en qué consiste ese arte tuyo de la jardinería —replicó Abla implacable.

—Lo sabes mejor que nadie. La jardinería es un don que cualquiera puede obtener. Dicen tus vecinos que tienes «mano verde» —continuó el jardinero—, pero yo te he espiado y sé que son tu pico y tu corazón de oro los que alimentan tu jardín, y jamás te atreverás a decir a un ser humano cosas tan dulces como las que susurras al oído de tus jazmines.

Abla le dirigió un gesto amenazador con el puño, pero el jardinero, ignorándolo, prosiguió:

—El arte del jardinero entraña sobre todo atención y amor. ¿Habéis visto alguna vez al joven barrendero en la plaza del mercado? Si lo observáis con detenimiento os daréis cuenta de que con su escoba de luz viene alumbrando las calles, mientras musita sin cesar el nombre de Alá. Nadie lo mira ni reconoce y él prosigue, ignorando cualquier otra cosa que no sea su trabajo y su Dios. ¡En esto consiste el arte! Tú lo sabes bien, amiga Salma —dijo dirigiéndose a una de las asiduas—. Todas las primaveras te esfuerzas en ser la primera que regala albahacas a sus vecinas y les recuerdas que para que sean benditas deben ser regaladas. Quizá para que alguien se acuerde de regalarte una maceta, pero, aun así, ¡ese es el arte de la jardinería! Conozco dos cosas, al menos dos, que dividiéndolas se multiplican. Una de ellas es el amor. La otra, las plantas. Y ambas estén unidas por un lazo sutil que sólo los jardineros podemos ver. Pero el arte del jardinero consiste también en vislumbrar el resultado final de sus actos. Debe ver el futuro con la nitidez de un adivino y contemplar, mientras planta la avenida de cipreses, el ciprés de luz invertido que asciende a la tierra entre las oscuras hileras para colmar de luz el sendero. El maestro jardinero es aquel que emprende el juego divino de la luz y la sombra, el que vislumbra el resultado de su inspiración y alcanza a distinguir el efecto de su invocación. Morirá el maestro, muchas veces antes de ver su obra realizada, pero los arboles guardarán con fidelidad la memoria de su sueño y proseguirán su tarea de forma callada y constante. Y antes de nada la jardinería es el arte del silencio y de la escucha. Hay que escuchar al cielo y recoger los sueños divinos para poder encarnarlos. Hay que recrear el paisaje restaurando con el esfuerzo justo, la belleza y la fertilidad. Hay que escuchar constantemente a la tierra: a las jóvenes plantas que imploran agua tras una ardiente jornada, a la tierra que gime y se agrieta por falta de abono. Una vez que el jardinero ha aprendido a escuchar, el siguiente paso viene por sí mismo. Aprende a intervenir solo cuando es imprescindible. El jardín, como un hijo, debe aprender a caminar por sí mismo.

—Jardinero, ¿cómo es el Paraíso? —se atrevió a preguntar la tímida Salma.

—He dicho muchas veces a mis discípulos que el Infierno y el Paraíso están uno al lado del otro. Decía mi maestro que, para algunos, el infierno es como un sueño tras una breve jornada de vida, y contaba esta historia: un padre estaba a punto de morir. Dividió entonces de forma equitativa sus tierras, cada uno de sus dos hijos recibió la mitad y les hizo prometer que jamás pelearían por su herencia. Así sucedió al principio, pero enseguida el hijo mayor comenzó a pensar que su hermano se había llevado la mejor parte y año tras año araba un nuevo surco dentro de su terreno. Por su parte, el menor, que tenía presente la promesa hecha a su padre, hacía como que no se daba cuenta. Cuando llegó la hora de su muerte, el castigo del malhechor consistió en una incesante pesadilla colmada de remordimientos. Soñaba que estaba cansado, pero debía seguir trabajando la porción sustraída y esta era interminable. Se acostaba para continuar soñando el mismo sueño sin fin y se despertaba, a la mañana siguiente, aún más agotado. Tras una eternidad en aquel infierno, comprendió que la porción robada había sido en realidad para su hermano una porción liberada del sudor y las preocupaciones, y esta comprensión lo redimió.

—Y, ¿qué es toda esa porquería del Jardín del Edén con la que tienes engatusado al estúpido de tu sultán? —espetó Abla con voz de corneja.

—La red ya no es necesaria cuando el pez ha sido atrapado —respondió el jardinero mirando significativamente al monarca—. Cuentan que un poderoso monarca —empezó a contar con la voz queda de quien se dispone a relatar una larga historia— envió a sus consejeros para buscar una persona que por su demostrada sabiduría pudiera hacer las funciones de juez. Nashrudín se enteró de algún modo de la misión de aquellos forasteros, se vistió con una red, a modo de manto, y se hizo el encontradizo con ellos. «Perdonad, buen hombre, nuestro atrevimiento —dijo uno de los consejeros—. Estábamos discutiendo por qué vais vestido con una red. ¿Es por una promesa o lo hacéis por algún otro motivo?». «Entiendo vuestra extrañeza —replicó Nashrudín—, pero llevo siempre esta red para recordar mi origen humilde». Al instante, los consejeros decidieron que aquel era el sabio que andaban buscando y, a los pocos días, estaba ya a punto de celebrar su primer juicio en la capital del reino cuando uno de los consejeros volvió a encontrarlo, esta vez sin red, paseando frente a la mezquita. «Nashrudín —le dijo—, ¿cómo es que ya no lleváis vuestra red?». «La red ya no es necesaria cuando el pez ha sido atrapado», respondió el ahora elegante juez.

—Entonces, ¿todo ha sido una patraña? —se atrevió a decir Abdaláh, y rápidamente miró a la anfitriona, pero ella contemplaba sonriente al jardinero, que, ignorando la pregunta, prosiguió su relato.

—El juicio de Nashrudín fue muy celebrado. Se presentaron dos hombres que mantenían una enconada disputa. A una seña del magistrado el primero expuso su caso y, tras escucharlo con atención, el flamante juez sentenció con solemnidad: «Este hombre tiene toda la razón». Alarmado, el visir, que permanecía a su lado observando atentamente el estreno de Nashrudín, invitó al otro hombre a exponer su versión y advirtió al juez de que antes de emitir un veredicto había que escuchar a las dos partes. Cuando terminó de explicarse el segundo hombre, Nashrudín quedó tan convencido que dijo con mucho aplomo: «Este hombre tiene razón». El visir, que empezaba a perder la paciencia, dijo entonces: «Pero Nashrudín, los dos no pueden tener razón». «Pues tienes razón», balbuceó perplejo Nashrudín.

Todos comenzaron a reír. Pero el jardinero, muy serio, prosiguió mirando ahora a su monarca:

—Quien no encuentra la magia en la realidad de su existencia, no la encontrará en ningún otro lado. Busca milagros y maravillas y se aferra a ellos para dar sentido a su vida. Pero el mundo cotidiano es mucho más sencillo y misterioso de lo que querríamos creer. Buscamos certezas incluso en la religión o en la naturaleza. Pero Dios y su Jardín son la pregunta continua que no espera respuesta. Por eso mientras preguntamos estamos más cerca y cuando respondemos erramos siempre. Por eso los grandes hombres han desdeñado las doctrinas y los dogmas religiosos, e incluso se han preguntado si Dios existe. Y con frecuencia han vivido al borde de la legalidad o abiertamente enfrentados a ella. No importa si lo que te han contado es cierto o no. Importa sólo lo que tú has descubierto. Nadie te engañará jamás si eres sincero en tu búsqueda.

—Lo que yo os decía —repuso Abla—. Es más escurridizo que un pez en el río.

Y todos rompieron a reír de forma estrepitosa, como si estuvieran al corriente de una broma recién desvelada.

—Aunque el Jardín del Edén se hubiera perdido para siempre —prosiguió el jardinero—, nosotros hemos recreado la más perfecta réplica que podía hacerse en este tiempo y en este lugar. Y lo creas o no, te diré que en todas las leyendas hay un trasfondo de verdad. Un verdadero guardián del reino de Edén jamás se preguntaría sobre la dignidad o el linaje del jardín. Lo apreciaría por sí mismo y sabría reconocerlo entre un millón de imitaciones.

Desde ese momento, la duda empezó a corroer al sultán, que ya no miraba a los ojos de su jardinero. No se atrevió a regresar a las tertulias de Abla; pero tampoco pudo sustraerse al influjo del jardín y continuó con sus labores habituales, sin pronunciar queja o reproche alguno. Allí se encontraba abstraído y feliz. Pero en cuanto abandonaba el halo protector de su vergel, comenzaba a rumiar la desazón que lo carcomía.

Una mañana, al final del verano, estaba arrancando unas plantas de cilantro para colgarlas en el secadero y recoger su semilla. Tardó en advertir la conversación que tenía lugar al otro lado del seto. Aguzó entonces el oído.

Al Yannan hablaba con alguien... creyó reconocer la voz de Yassin.

—Pero si el tiempo ha llegado —decía este—, ¿qué será del jardín y de todos nosotros?

—Llegará un día no muy lejano en que los jardines del Edén y la propia magia se extingan. La misma vida sobre la Tierra permanecerá herida y los hombres tendrán que reconstruir el clima y el paisaje desde sus mismos cimientos. Desde la tierra, la planta, el animal y el hombre. El Libro habla de la reconstrucción del Jardín Original. Cuando la tradición se haya perdido, esta será la última guía. Será necesaria la construcción de miles de arcas en las que los hombres puedan escuchar a la tierra. Se harán guardianes de sus misterios, protectores del legado. Quizá logren incluso restituir la vida y la magia en su primigenio esplendor.

Tras un paréntesis de prolongado silencio, el jardinero concluyó:

—He sembrado estrellas y luciérnagas en la fértil imaginación de mis discípulos. Ahora puedo marcharme tranquilo, pues cada una germinará a su tiempo.

X

El viaje

La inquietud hizo presa del sultán, que a partir de aquel día esperaba con pavor la partida de su jardinero. Pero pasaron varias semanas y no pudo adivinar ninguna intención por su parte de emprender la marcha. Cuando la primavera se acercaba, presagiando una mayor actividad en el jardín, Al Yannan los sorprendió una vez más anunciándoles que al día siguiente, él mismo, Sahar y Abdalah, emprenderían un largo viaje. No ofreció ninguna explicación, y antes del amanecer se encontraban ya, según las indicaciones precisas del Maestro, a punto de partir. Tres yeguas más bien flacas, pero robustas, serían las compañeras de aquellos viajeros que por su apariencia podían pasar por peregrinos o incluso pequeños hacendados.

Bastó una jornada de trote ligero para que el sultán se hallara en una comarca fronteriza que jamás había visitado, y esta salida furtiva de su reino le hizo sentir vulnerable e insignificante. Sin embargo, en un momento en que quedaron un poco rezagados de su guía, Sahar y

Abdalah decidieron, entre risas de complicidad, responder al hermetismo de su jardinero sobre el destino y las razones de tan extraño viaje, aparentando indiferencia y confianza. Acordaron no preguntar nada, aunque los condujera al mismísimo infierno.

—Si hace falta me morderé la lengua —susurró Sahar.

Ya fuera porque en su camino tenían que atravesar aquellas tierras o porque el jardinero se había desviado a propósito, se encontraron, un buen día de finales de marzo, coronando una collada para asomarse a unos valles de estremecedora belleza. A sus pies, campos y campos bien labrados, pastos y tierras de labor cercadas con muretes de piedra, y aldeanos con sus acémilas por todos los caminos. Pero lo más sorprendente eran los frutales que ocupaban un gran número de bancales y parecían haberse puesto de acuerdo para florecer al mismo tiempo. Se diría que un jardinero todopoderoso había diseñado minuciosamente el paisaje entero y se había tomado la molestia de dirigir el curso del río de plata que centelleaba al fondo del valle. Y había dispuesto todos aquellos hombrecitos, que se veían diminutos desde esta atalaya, para completar y conservar aquella obra grandiosa. De vez en cuando se oía una canción entre los trinos, que el viento traía y llevaba hasta perderse en los horizontes.

El sultán no cedió entonces a la tentación de expresar sus emociones, y cuando atravesaron aquellas tierras lo hicieron en reverente silencio, como si hollaran un reino celeste al que hubieran penetrado burlando la vigilancia del ángel guardián.

Un petirrojo los precedió largo rato. Rompía a cantar en la cima de algún arbusto y esperaba callado a que le dieran alcance para reemprender el vuelo unos metros más allá. Perdieron varias veces el camino principal, siguiendo a aquel pequeño guía que los condujo por parajes hermosos e inesperados. Al principio entre robles y castaños y enseguida cruzando los vergeles. Cuando el pajarillo desapareció, los viajeros continuaron deambulando todo el día sin rumbo, por el puro placer de impregnarse de la frescura y la belleza que derramaban los cerezos en flor y los huertos primorosos, cuajados de flores y verduras.

Atravesaron el valle, evitando los poblados, y después de pasar la noche en una antigua casona de hospedaje donde se mezclaron con otros viajeros y arrieros, cruzaron la barrera de montañas que se elevaba en el lado norte. Al coronar el macizo contemplaron un paisaje completamente distinto, no menos bello que el anterior. Los viejos encinares se sucedían hasta el infinito, ocupando una inmensa extensión de ondulantes colinas. Dos jornadas enteras tardaron en cruzar aquel bosque abierto e interminable y apenas se encontraron con algunos pastores, pues viajaban ahora fuera de los caminos, deleitándose también en aquel nuevo universo, acampando al pie de los árboles y prolongando las veladas nocturnas alrededor de la hoguera. De manera abrupta el paisaje arbolado dio paso a unas tierras fronterizas, desnudas y arrasadas por el fuego y la guerra. Grandes llanuras cultivadas se extendían ahora ante ellos, y sintieron que los caminos ya no eran seguros. La propia tierra ya no se mostraba hospitalaria y acogedora, y a lo lejos distinguieron grandes columnas de humo. Sin embargo, por la habilidad del guía o la pura suerte, consiguieron evitar todo tipo de percances y prosiguieron hasta una nueva barrera montañosa que parecía cortarles el paso, ahora en dirección noreste.

Los viajeros abandonaron sus monturas atándolas a la sombra de un gran fresno junto a una cabaña desvencijada. El jardinero explicó solamente que tenían que continuar a pie y que alguien se haría cargo de los animales hasta su regreso. Siguieron entonces el curso de un pequeño río hacia su nacimiento. Mientras se adentraban por un angosto desfiladero, el sultán tuvo la sensación de que la exuberante vegetación los protegía y que se internaban en un paraje virgen, nunca antes hollado. Hacia el crepúsculo acamparon por décima vez desde que emprendieran el viaje, y continuaron guardando un taciturno mutismo, como envueltos en una conjura de silencio y ensimismamiento.

Al amanecer del día siguiente su estado de ánimo pareció cambiar y despejarse; un viento constante traía el aire fresco y limpio de la montaña. Sahar se despertó cantando, y cuando salieron a campo abierto, emprendieron una animada conversación en la que nadie hizo mención al destino o la duración de aquel peregrinaje. El jardinero iba en cabeza marcando un ritmo suave y constante.

Ahora la alegre confianza de los viajeros no era, sin embargo, un reflejo del paisaje, que ascendía hasta lontananza en forma de un páramo desolado, atestado de tojos y espinos cada vez más altos y espesos. Al cabo de un rato volvieron a concentrarse en los exiguos senderos que se abrían y se cerraban a sus pies entre las aulagas y parecían más bien obra de conejos que de seres humanos. Durante aquella jornada fueron muchas las ocasiones en las que Sahar y el sultán se preguntaron si no se habrían perdido en aquel desierto de espinas, y comenzaron a sentir todo su cuerpo dolorido por los tojos punzantes que a veces rebasaban su altura. Bajo un calor agobiante y el fuerte olor de las flores, el aire saturado de polen se hacía a veces irrespirable.

Prosiguieron sin una protesta, remontaron una cima y vislumbraron al fin un valle, al otro lado, en el que adivinaron árboles y plantas desarmados y amables. Pensaron que encontrarían allí agua fresca y sombra, y ansiaron llegar, pero aun así se resistieron a expresar su alivio al jardinero, que apenas les dirigía la palabra, concentrado al parecer en hallar un inexistente sendero. Llegaron a una meseta desde la que parecía que les separaba un tiro de piedra de aquella «tierra prometida». Inconscientemente apretaron el paso y vieron que el suplicio de las árgomas y los altos brezos terminaba por fin, pero enseguida comprobaron que quedaban aún pruebas más duras. Un pequeño barranco se interponía en su camino y comenzaron el descenso de una pronunciada pendiente plagada de zarzas, espinos y escaramujos mezclados en una maraña impenetrable que propiciaba la frescura de aquel inhóspito precipicio. Nunca el sultán ni su compañera habían imaginado un tormento semejante. Tardaban horas en recorrer pequeños trechos. Tenían todo el cuerpo y sus ropas desgarrados por incontables rasguños y, cuando llegó la noche, apenas encontraron un ínfimo espacio para pernoctar. Durante toda la jornada siguiente sufrieron la misma suerte sin que de sus labios sellados saliera una protesta.

Tan solo al atardecer, después de un breve descanso para celebrar la llegada al fondo del valle por el que discurría un arroyo rodeado de sauces y arbustos de ribera, el sultán rompió el silencio:

—Al menos ya sabemos que no vamos a encontrar nada peor.

A lo que el jardinero respondió sonriente:

—No estéis tan seguro, alteza, aún hay espinas más agudas que las que laceran la carne.

En menos de una hora comprendieron lo que quería decir. Iniciaron el ascenso por un sendero bien trazado, aunque muy pendiente. Discurría entre una tupida vegetación de arbolillos y matos de los que ahora apenas se ocuparon. Una atmósfera densa e irrespirable los envolvió de pronto. Enjambres de moscardones zumbaban a su paso; surgían de excrementos humanos en todos los estados de putrefacción, depositados en mitad del sendero, y que los viajeros trataban de no pisar, acelerando el paso para salir lo antes posible de aquel verdadero infierno. Primero Sahar y después el sultán comenzaron a detenerse para vomitar una y otra vez. Al Yannan les esperó un momento y rápidamente anudó sobre sus bocas un trapo que contenía espliego, ruda y otras hierbas aromáticas antes de perderse a grandes pasos sendero arriba, como un cervatillo perseguido por una jauría. En un abrir y cerrar de ojos había desaparecido de su vista.

XI

El umbral del Paraíso

Sahar y el sultán lo siguieron al poco, y aunque el terreno se abrió en una explanada cubierta de tomillo y santolina, el mareo y la náusea perduraron aún un buen rato. Lo que vieron a continuación los sorprendió aún más, si aquello era posible. Al Yannan daba un fraternal abrazo a un ser esperpéntico y repulsivo. El jardinero se lo presentó de forma rimbombante:

—He aquí el ángel guardián del Edén —les dijo pasando la mano por el hombro de aquel hombretón. Y éste sonrió dejando ver tras su franca sonrisa una boca deshecha, llena de dientes negros.

Grueso y grasiento, maloliente y poco agraciado le pareció a Sahar aquel personaje tras el primer vistazo, y no pudo reprimir un gesto de asco en contestación a su afable saludo. Por su parte, el sultán pensó que su aspecto no podría ser más amenazador y lo habría juzgado un salvaje asesino o un bandolero sin escrúpulos de haberlo conocido en otras circunstancias. Más que rechazo, aquel «ángel» le produjo miedo y desconfianza y devolvió el saludo con una glacial sonrisa. El jardinero y el «ángel» contemplaban su perplejidad y reían abiertamente. Aquel hombrón andrajoso se presentó a sí mismo bajo el nombre cristiano, ya fuera verdadero o falso, de Ángel, apostillando que era el más humilde de los infieles.

Sahar y Abdalah lo miraban boquiabiertos. No sabían con certeza si bromeaba o se reía de ellos de forma descarada, y se dejaron conducir hasta una cabaña humilde pero confortable donde quedaron a solas para descansar y recuperarse del largo viaje. Allí encontraron todo lo necesario, pero nada superfluo. Había pan ácimo, queso, aceite, vino, higos secos, aceitunas...

Ya fuera por efecto del delicioso vino o la abrumadora fatiga, ambos se hundieron en un sueño profundo y reparador.

Sahar fue la primera en despertar. Había amanecido y por el rumor del agua encontró el manantial fresco y cristalino. Se sentía tan libre que no dudó en desnudarse y lavar todo su cuerpo hasta que se sintió limpia y alegre, fresca y feliz, en la paz de aquel instante. La dicha más plena la embargaba y, después de secarse al sol, creyó escuchar el murmullo de una canción y olvidando todo pudor se acercó calmadamente.

Sólo entonces pareció despertar a la fragancia que iluminaba aquel reino perdido, a los cantos de los pájaros que hacían vibrar el aire templado. Sus pasos avivaban el olor a manzanilla y reconoció un toque del inconfundible aroma de un jazmín singular.

Una senda de hierba blanda aún mojada de rocío la condujo hacia la voz que canturreaba con voz queda. Y al trasponer un arbusto cuajado de flores se encontró de súbito ante una extraña escena. Aquel hombrón daba de comer unas jugosas hierbas a una liebre que se le aproximaba sin ningún recelo y, en el instante mismo en que iba a dar un bocado, vio abalanzarse un zorro de largo y brillante pelo que refulgía al sol. Rápido como una lengua de fuego estaba ya a punto de alcanzar a la liebre cuando el hombretón le lanzó una certera patada en el trasero. El zorro dio un increíble salto lateral para luego permanecer en el mismo lugar donde había caído, sin mostrar sorpresa o temor, y permitió que la liebre escapara sin demasiada prisa. En este momento, Abdalah se acercaba también completamente desnudo y con un semblante traspasado de felicidad. Sahar rompió a reír y Ángel fue a su encuentro diciéndoles que llevaban los trajes más adecuados para aquella corte.

Entonces les pidió que lo siguieran y, mientras caminaban entre plantas y arbustos de toda clase, espléndidos y aromosos, los condujo a una zona arbolada que ocupaba una gran extensión. No sabían a ciencia cierta si se encontraban en un bosque silvestre de maravillosa hermosura o en un viejo jardín bien cuidado, y probablemente era ambas cosas. Distinguieron algunos hombres y mujeres, aquí y allá, de aspecto alegre y calmado, y un ciervo se cruzó con ellos sin apenas mirarles, para proseguir su camino triscando entre el follaje.

Ángel les comentó de forma enigmática que Al Yannan había salido de viaje y le había dejado instrucciones de todo lo que debían ver en aquel jardín y de todo lo que no debían ver. Y comenzó a mostrarles los secretos del «Reino Perdido», como él lo llamaba. Les mostró y explicó minuciosamente cuanto iban viendo, deteniéndose a cada paso para hacerles oler, probar, ver y tocar una infinidad de plantas, muchas de las cuales eran desconocidas para los visitantes. También les iba nombrando los pájaros, que escuchaban en la copa de los árboles o se acercaban curiosos, como para conocer a los recién llegados, y al rato desaparecían trinando en la espesura.

A una pregunta de Sahar sobre los infernales alrededores de este paraíso, Ángel les dio a entender que cuidaban constantemente de mantener el lugar preservado e inaccesible.

—Cuando se trata a la Tierra con dulzura —confesó— ella responde con flores y frutos, con sombras y anchas hojas. Pero si se la conquista con el hierro y el fuego, responde siempre con fuego, espinas y desolación; así cultivamos el cielo y el infierno, conforme a nuestros deseos. Ella es rosa para la rosa y espina para la espina. Con agua y abono nos da plantas suaves y blandas; plantas jugosas y deliciosas como las de este Edén. El fuego ha moldeado las montañas de los alrededores hasta hacerlas inhóspitas, y el fuego arde con más frecuencia sobre lo quemado, de manera que es muy fácil perpetuar la destrucción y rodear la rosa de espinas. Igual que el alma de los hombres se rodea de escudos y defensas.

Durante muchas horas Sahar y el sultán permanecieron absortos en esta contemplación y en aquella conversación, sin acordarse de comer, beber o vestirse, y al fin llegaron a una pequeña colina en cuya cima reconocieron el Árbol de la Vida. Era igual que el de su propio jardín, pero de un gigantesco tamaño y con una presencia inconmensurable.

A su alrededor había un amplio anillo perfectamente circular, formado por árboles, arbustos y plantas exuberantes; también varias pequeñas construcciones y una mayor, con una fuente que nacía de la propia pared de piedra del edificio. Del tejado surgía un tronco elevado y recto que desembocaba en la amplia copa de un árbol grandioso que no supieron reconocer. Atónitos y ensimismados por la fuerza sublime de aquel misterioso lugar, olvidaron preguntar y no podían dejar de mirar. Ángel tan solo explicó:

—A partir de ahora podéis terminar de conocer por vosotros mismos este reino, podéis ir y venir con libertad por todas partes, tan solo os está prohibido el Templo del Libro —dijo señalando la gran casona.

Apenas lo escucharon. Tal era el poder que emanaba el Árbol de la Vida que sólo se atrevieron a acercarse unos pasos. Gobernaba todo el mundo circundante y se elevaba majestuoso extendiendo inmensos brazos en todas direcciones, que incluso a distancia prolongaban su influjo. Sentían como si unas manos invisibles le impidieran avanzar más y una voluntad irresistible atrajera al mismo tiempo toda su atención.

Aves de todas clases entraban y salían de aquella copa, afanadas aparentemente en construir sus nidos sobre el colosal edificio vivo, que contemplaron absortos largo tiempo.

Pensaron en aquel momento que, a juzgar por este árbol, el vergel en el que se hallaban debía de ser de una remota antigüedad. Y de pronto, al mirarse el uno al otro, se dieron cuenta de que estaban solos y se entendían ahora con una absoluta perfección, como si más que comunicarse sin palabras, ambos pensaran al unísono.

A partir de este momento se dedicaron a recorrer juntos el Reino. Comprobaron pronto que su tamaño era relativamente pequeño. En realidad podían cruzarlo de lado a lado en menos de una jornada, pero contenía tantos rincones y parajes diversos que tenían la impresión de hallarse en un universo infinito que jamás llegarían a conocer en su totalidad. Durante algún tiempo no volvieron a encontrarse con el «ángel», aunque vieron algunas otras personas con las que resultaba muy fácil entenderse;

casi siempre se mostraban mucho más accesibles que Al Yannan o el misterioso hombretón.

Se extraviaban por sorprendentes veredas, vagaban recogiendo frutos y probando las flores que nacían en todo tiempo, como si el invierno jamás se adueñara del todo de aquella tierra bendita. Compartieron maravillosas veladas en torno a las hogueras nocturnas, aprendieron cantos y vertiginosas danzas de países lejanos y extrañas lenguas de aquellos otros habitantes que permanecían sumidos también en idéntico estupor y felicidad. Practicaron durante largas temporadas la danza de los árboles, que consistía en girar simplemente con los brazos abiertos para formar parte del universo y del bosque que los rodeaba, al son de la música de unas flautas dulcísimas.

Aprendieron a hacer el amor sin recato, en lechos fragantes y suaves, entre hojas densas de tacto de terciopelo que acariciaban sus cuerpos, entre el rumor de grillos y chicharras y el canto de los pájaros, hasta que sentían que retozaban con la creación entera. Aire y tierra, fuego y estrellas y el sonido del agua, que terminaba fluyendo en sus venas.

Día a día, el Árbol de la Vida les permitía acercarse más y más, o quizás ellos mismos iban adquiriendo la confianza necesaria para trasponer sus invisibles fronteras.

Pero de vez en cuando su felicidad se enturbiaba y sentían que aquella dicha quedaba ensombrecida por un pensamiento oscuro que trataban de ignorar con todas sus fuerzas y crecía, pese a todo, en su interior como una marea. No eran las responsabilidades de aquel reino suyo, que parecía ahora irreal, ni los miedos y ambiciones que resultaban extraños en este Reino Perdido. Ni siquiera el haber descuidado todos sus rezos y obligaciones religiosas, puesto que se sentían en paz. Se trataba de una tentación cada vez más absurda e irresistible. De una irrefrenable curiosidad hacia el misterioso Templo del Libro que les había sido vedado. De algún modo, todos los senderos de la región convergían en el círculo. Y cuando intentaban resistirse y se dirigían en dirección contraria, terminaban allí de igual forma, como si les traicionaran sus pasos. Al principio pensaron que se trataba del influjo del Árbol pero, una vez allí, terminaban siempre de espaldas a la colina central, contemplando el templo y su fascinante manantial.

No había transcurrido un año desde su llegada al reino cuando Abdalah, ya rendido, se acercó al templo agobiado por la pesada losa de la culpabilidad antes aún de haber consumado su delito. Miraba a un lado y a otro tratando de pasar inadvertido, y a su paso le sorprendió la súbita huida de un mirlo asustado, que con un chillido de alarma volaba a refugiarse a la densa copa del gran árbol. Y notó que aquel ser prodigioso lo contemplaba ahora expectante. No había reprobación ni consentimiento en su mirada. Sólo un profundo silencio.

Entonces vio a Sahar, que se aproximaba al círculo furtivamente desde otro ángulo y se encaminaba directa y veloz a la cabaña prohibida. Su forma de moverse le pareció grotesca. En nada semejante a la gracia natural de su amada.

Ella entró primero. Él, un instante después por la puerta opuesta. Cruzaron una breve mirada y ambos se dirigieron al mismo tiempo al pie de aquel árbol central, que sostenía en su regazo un arca de madera rojiza y muy pulida, rústica y a la vez elegante. Sahar la abrió con un gesto que Abdalah no supo interpretar si expresaba complicidad o puro nerviosismo, y se asomaron al interior al tiempo que aguzaban el oído para escuchar si se aproximaba alguien.

Sus corazones latían con fuerza y, tal como habían imaginado, en el fondo del baúl había un libro voluminoso, de gruesas pastas adornadas con filigranas e incrustaciones.

—Vamos a echarle un vistazo —dijo Abdalah en un susurro. Sahar lo extrajo con cuidado mientras chistaba para hacer callar al sultán, pues en ese instante el silencio reinante era tan absoluto que parecía delatarlos, y en los alrededores no se oía un solo trino. Cerraron la tapa del cofre y posaron el libro sobre ella. Dudaron durante unos largos segundos con la mirada puesta en el espléndido paisaje representado en la cubierta: un camino serpenteante conducía a una enigmática puerta entreabierta y daba la impresión de que anunciaba u ocultaba un jardín iluminado y vivo. Sahar se fijó entonces en otra puerta mayor, que representaba la tapa completa, y vio que la primera puerta era en realidad un ojo de cerradura, que dejaba entrever por su pequeña abertura la primera página.

Allí permanecieron inmóviles, sin decidirse a abrirlo. Tenían la certeza de que no se trataba de un simple objeto, sino de algo verdaderamente vivo y despierto. Sospechaban que el simple hecho de abrirlo podría acarrear consecuencias impredecibles para el Reino Perdido y para ellos mismos.

Sin embargo la tentación era avasalladora, y Sahar atisbó por el ojo de la cerradura, pensando que tal vez sólo se abriría con alguna clave o sortilegio secreto. En ese instante Abdalah sintió una punzada de terror al recordar la cerradura que lo había aprisionado en su sueño. Le vino de súbito el recuerdo y estuvo a punto de gritar. Sahar abrió de golpe la puerta del libro y comprendió al fin que se trataba de una verdadera puerta, que abría un cofre repleto de pergaminos y láminas ordenadas y magníficamente coloreadas que representaban jardines de ensueño de belleza indescriptible.

Un aroma grave como de incienso surgía del nuevo cofre. Pero conforme fueron pasando los primeros pliegos, con mucho cuidado, pues parecían a punto de deshacerse entre sus dedos, vieron que estaban escritos en lenguas extrañas y en diferentes alfabetos. Tan solo hacia el final pudieron reconocer los signos hebreos, griegos y latinos.

Al llegar a la última página el corazón les dio un vuelco. Escrita con unos caracteres árabes, sencillos pero perfectos, pudieron leer:

A pesar del miedo, Sahar ha sucumbido a la tentación y esta transgresión la ha liberado del confinamiento del Edén...

No pudieron continuar. Una sombra se interpuso en el umbral del mediodía y, aterrados, vieron la enorme silueta de Ángel recortada en el contraluz.

Con voz calmada y firme el guardián les instó a seguirlo, y en aquel mismo momento emprendieron el camino de regreso a su reino, sin que el hombrón que les servía ahora de guía y custodio les permitiera disculparse u ofrecer siquiera una explicación. Se limitaba a mover la mano en un ademán inflexible, imponiendo silencio cada vez que intentaban decir algo, aunque esta actitud contrastaba con su expresión afable.

Durante los días que duró aquel viaje, Sahar y Abdalah no pudieron apreciar nada de cuanto veían a su alrededor. Transidos de dolor, desesperados y con un abrumador sentimiento de destierro, no cesaban de pensar en el significado de las palabras del libro y en la enorme mezquindad y locura que acababan de cometer. Los devoraba la culpa y tenían verdadero pánico al mundo «real», al que regresaban inexorablemente.

WARD · *Rosa sp.*

XII

El sucesor

A su llegada a la corte, los súbditos recibieron con muestras de gran alegría al sultán, que muchos creían muerto. Conforme lo reconocían por los caminos o en las calles, prorrumpían en alabanzas o exclamaciones de asombro y júbilo. Pero el monarca se mostraba tan abochornado que la multitud se acallaba al verlo y terminaban siguiéndolo con la mirada, preguntándose qué desgracia le habría ocurrido a su señor para que regresara tan abatido.

Una vez en palacio, Sahar y Abdalah demoraron su visita al jardín, pues se había convertido en el recuerdo doloroso de su estancia en el Paraíso. Pero cuando Ibrahim les dijo que hacía varias semanas Al Yannan los esperaba, de nuevo instalado en su vieja caseta, desearon y temieron con ansiedad el reencuentro. Tenían miedo del propio jardín, como si fuera a mostrarles de algún modo su mudo reproche o incluso a rechazarlos. Se sentían indignos siquiera de recorrerlo, y en ese estado lo atravesaron precipitadamente hasta la caseta, sin atreverse a mirar demasiado, pero sin dejar de percibir una fragancia especial, un gozo y una calma que los envolvían como un bálsamo, reconciliándolos con el mundo.

Al Yannan esperaba en el umbral de su morada. Se acercaron avergonzados, pero él los recibió como un niño, alegre y nervioso, radiante, feliz. Atrapó a ambos en tal abrazo que rompieron a llorar, y conforme los apretaba y reconfortaba, crecía el llanto y las lágrimas brotaban como si el jardinero los escurriera.

—¡Lo habéis conseguido! —les decía mientras lo miraban sin entender—. ¡Lo habéis conseguido!

Poco a poco, en torno a una taza de té, recobraron la calma y empezaron a escuchar las aclaraciones del jardinero, pero repetían una y otra vez:

—¡Lo hemos echado todo a perder! —Y no podían asimilar las felicitaciones del jardinero, que trataba de hacerles ver que lo que ellos consideraban un horrible pecado y un fracaso constituía en realidad un logro formidable.

Finalmente, el jardinero pudo hacerles entender que en la misma prohibición se hallaba depositada la semilla de la transgresión. Les confió, como un secreto, que en el primer jardín Dios había colocado la primera negación de un modo concienzudo, como uno de los más delicados elementos, para que los hombres y las mujeres encontraran un ancho camino de regreso a sí mismos.

—¡Demasiados jardines se han perdido ya —les dijo— porque sus jardineros se instalaron en sus logros y olvidaron continuar probando y aprendiendo! Se limitaron a acomodarse y seguir adelante. Vuestros compañeros en el Reino Perdido, los obedientes, los sumisos, están condenados a permanecer en esa estúpida beatitud, en la aparente perfección del jardín que los mantiene atrapados, ajenos a la realidad que palpita en el mundo exterior, a veces con aspecto terrible, a veces con la desnuda hermosura de lo verdadero. Algunos llevan allí toda una vida y ni siquiera se dan cuenta. Se vanaglorian de haber resistido a la tentación de Adán y, sin embargo, sólo despertaran cuando caigan en ella.

—Pero os hemos traicionado... —gemía aún Sahar.

—La lealtad es una virtud excelente, sobre todo para los perros y los esclavos o, mejor dicho, para sus amos. La única lealtad deseable es la lealtad a uno mismo. Pero tú, Sahar, y tú, Abdalah, cedisteis a la curiosidad, la rebeldía pudo más en vosotros que el sometimiento, y por esa misma transgresión os habéis hecho dignos sucesores de este jardín. Vuestro premio o vuestra condena, como prefiráis es, a partir de ahora, continuarlo. Demasiados jardineros se han perdido en el Reino. El Jardín de la Prueba lo llamamos nosotros, porque allí se confrontan la voluntad y el espíritu, y esa prueba, que casi todos consideran que consiste en resistir, sólo puede superarse cediendo. No conformándose, sino albergando el sueño de que es posible continuar más allá, conocer más y más a lo largo de un camino sin fin... *La illaha ill Allah.* Antes de probar el fruto del Árbol de la Vida y sentir sus efectos, la primera mujer ya había sucumbido a la primera desobediencia por el simple hecho de decidirlo. Y en esa afirmación de uno mismo radica el primer paso real hacia la humanidad y la conciencia.

Sahar y Abdalah lo contemplaban atónitos, abriendo exageradamente los ojos como búhos. El jardinero pronunció un hondo suspiro y continuó:

—Cuando los primeros humanos probaron el fruto del árbol, aprendieron a soñar y mirar dentro de ellos mismos. Pero al mismo tiempo olvidaron. Perdieron la capacidad de hablar y comprender a la Tierra y al resto de los seres vivos. Y hasta tal punto olvidaron comunicarse con los otros que creyeron que la suya era la única alma e inteligencia del mundo. Pero es justo ese recuerdo y esta comprensión lo que nos permite regresar y reconstruir desde sus cimientos el Paraíso en la Tierra. Es precisamente la renovación del Paraíso la que nos redime y coloca en perfecta paz, al pie del árbol, con nosotros y con nuestro mundo. Así como el niño se hace adulto cuando aprende a reconocer y respetar a los otros y comprende el lugar que ocupa en su familia y en la sociedad, la especie humana madurará cuando haga lo propio con el resto de sus compañeros en este interminable viaje de la vida.

El jardinero hizo una larga pausa antes de aseverar:

—Sahar es ahora mi legitima sucesora, pues ella se sometió en primer lugar.

En aquel momento, Sahar, azorada, comenzó a balbucear excusas. Pero el jardinero le impidió proseguir.

—Ya sé que nunca pensaste en ti misma como sucesora. Y, sin embargo, estaba ya escrito en el libro que así fuera, mucho antes de que nosotros naciéramos.

— ¿Y... yo? —preguntó entonces Abdalah sin poder contenerse un segundo más.

—Tú serás el dueño y creador del jardín a los ojos del mundo y se hablará de los jardines de Abdalah durante generaciones y entre suspiros. Pero entre nosotros será el Edén de Sahar, pues ella escogió siempre la belleza y la discreción.

—Pero ¿por qué no hay más páginas tras la nuestra? —quiso saber la sucesora.

—El libro es también para nosotros un misterio. Quizás ha llegado el momento de que el mundo entero sea un vergel o se pierda para siempre. Creemos que en los jardineros presentes está en gran medida la respuesta.

Caía ya la noche cuando escucharon una música que provenía del jardín y los llamaba hacia su centro con una melodía nueva, serena y vibrante. Se dirigieron hacia allí y vieron el vergel con nuevos ojos. Durante su ausencia había crecido milagrosamente y se encontraba ahora iluminado por una luna creciente y numerosas antorchas, que daban un aire de ceremonia o de fiesta. El jardinero seguía hablando, aunque lo escuchaban ahora sin mirarlo, integrando sus palabras con la voz de los instrumentos y el murmullo del viento entre los arbustos y las voces nocturnas de los animales, que parecían al corriente de que algo extraordinario sucedía en su hogar:

—... pensad en un jardín anchuroso y eterno. Soñad que reunís en él toda la hermosura, la inocencia, la pureza del mundo... y la destiláis siete veces para eliminar todo lo superfluo. Debéis anhelar sin fin hasta que se cumplan vuestros deseos. Cuando la belleza comienza a doler como una sangrante herida, uno entiende que está a punto de conseguirlo... y aún debe ir más allá, hasta que uno mismo y su jardín se fundan en una misma esencia, en una fragancia capaz de inundar el mundo entero, y aun así debéis seguir y anhelar. Siempre.

Bajo el Árbol de la Vida se hizo el silencio. Ziryab, el músico predilecto del sultán, entonó con su voz desnuda un canto desgarrador que hablaba de la noche y el día como dos amantes que jamás se encuentran; y en el silencio que vino después, Sahar y Abdalah escucharon las últimas palabras de su maestro, que sonaban a inminente despedida:

—El jardín no tiene meta ni fin, se mueve siempre en alguna dirección y recorre en espiral sus círculos. Por eso un jardín no se termina o realiza, es un ser vivo de crecimiento y edad ilimitados. Mientras continuéis aprendiendo seguiréis vivos y seréis útiles al jardín. En el momento en que dejéis de buscar, el jardín os devorará para reanudar el ciclo. Volveréis a comenzar en forma de humus blando y mullido, vivo e inteligente hasta sus últimos resquicios. Otros os sucederán, quizá, y vosotros mismos seréis sucesores y ancestros, tierra en la tierra... Podéis consideraros elegidos: tenéis en vuestras manos la capacidad de transformar el mundo, de realizar el sueño más maravilloso que puede albergar el ser humano, en vuestro lugar y vuestro tiempo. Que no os arredre la magnitud del trabajo. Incluso el viaje a la Meca se hace paso a paso y comienza con uno solo, el primero. El peregrino sólo ha de tener clara en su mente la dirección y regresar siempre a ella, pese a todos los rodeos y las distracciones.

Aquella misma estación, Sahar comenzó a recoger semillas y a introducirlas en recipientes que sellaba cuidadosamente con cera de las propias colmenas del jardín.

Epílogo

Vivir en el jardín

> El aroma de los tilos en el crepúsculo... jazmines y alhelíes en la noche. ¿Quién irá a dormir cuando el amado se ha perfumado y nos espera en el jardín? Los naranjos respiran luz de luna y suspiran azahar. ¡Ay! ¡Ay de aquel que pasó por la vida sin gastarla!

En la tradición islámica, el jardín recrea el Paraíso original o anuncia el celeste. El propio vergel, exuberante, radiante y risueño, tiene algo de esa inocencia primordial. *Si nos buscas, búscanos en la alegría, pues somos los habitantes del reino del gozo,* decía Rumí. La misma frase puede aplicarse a los jardineros y todos sus compañeros en la celebración del jardín. Nos atrevemos incluso a añadir que es una de las formas más liberadoras y simples de entender nuestro pequeño o gran reino verde. Así es posible trabajar incluso desde la desesperanza y los negros augurios sobre el futuro inmediato; contemplar la degradación de nuestro paisaje y sobreponernos a la impotencia cultivando belleza y vitalidad. Aprendemos a concentrar nuestro esfuerzo en la pequeña área que tenemos entre manos, entendiéndola como el universo que verdaderamente es.

El jardinero cultiva el regocijo, la sostenibilidad y la coherencia. Renegando de cielos e infiernos, reencarnaciones y más allás, que nos prometen las sectas y religiones al uso, o de las quimeras tecnológicas de un futuro en otros planetas; el jardinero busca la receta para vivir con los pies en la Tierra/tierra, en el momento y lugar en el que ha tocado vivir.

El cultivo del vergel se justifica así por motivos de placer, ética, estética o funcionalidad y, por supuesto, creemos que estas razones explican sobradamente el alféizar florido, el pequeño huerto o jardín, o la repoblación de todo un bosque. Sin embargo, existe desde los mismos orígenes de la jardinería un concepto más profundo que comprende los anteriores y, además, implica al jardinero hasta el punto de integrarlo en el todo. Hablamos de un espacio de aprendizaje y encuentro que sirve ante todo para cultivar al jardinero, que pasa a ser uno más de los ingredientes reunidos en esa permanente asamblea que se celebra entre el Cielo y la Tierra, contribuyendo a restaurar la armonía y belleza primigenias, a restituir la naturaleza en todo su esplendor. En este proceso formamos parte de una forma de conciencia que aúna todas, otorgándoles una entidad común que transforma de mil modos el entorno. El cultivo atento de las plantas detiene nuestra frenética actividad y nos devuelve al ritmo de la tierra, facilitando la percepción del instante y la conexión profunda con el mundo. Es así como el jardín transforma a su cuidador, al menos en la misma medida en que éste transforma al jardín. Podríamos definirlo como una forma de «crecimiento mutuo» o coevolución.

Aún sin pretenderlo, el jardinero termina viviendo de forma intensa el jardín, incluso viviendo en el jardín, al modo de los sabios, filósofos y poetas de todos los tiempos que han utilizado estos templos al aire libre para reunirse en perpetuos concilios. Llum de la selva en su Jardín de la Amistad, los sabios taoístas en sus bosquecillos, Epicuro en el vergel... Los bosquetes de la Academia que plantaron los filósofos a las afueras de Atenas eran su residencia durante todo el año. Platón sería enterrado en sus inmediaciones al fin de su vida, y a Aristóteles se le reprochaba que se demorara demasiado en la corte, ausentándose de la arboleda filosofal.

En realidad, en este viaje a la Tierra Prometida que implica plantar un huerto, el hortelano siente que echa raíces y comprende que ya nunca llegará a ningún sitio. Y el vergel se convierte así, al mismo tiempo, en huerto y jardín, vivero y laboratorio, templo y facultad, despensa y ágora de encuentro. Como en la época andalusí, el jardín puede ser motivo central de todo un género literario en el que el supremo placer de la buena vida es el tema y la inspiración.

El extrañamiento ha sido tan profundo que la humanidad se ha hecho en su mayor parte ciudadana, extraterrestre. Sin embargo, tal y como nos recuerda la científica y activista Vandana Shiva, no podemos seguir postergando la restauración de nuestro paisaje local y global; y debe ser tan profunda que penetre en los más hondos resquicios de nuestra conciencia, alcanzando a todas nuestras formas de entender y actuar sobre el entorno natural al que pertenecemos. La capacidad transformadora del ser humano desde lo diminuto es enorme también en lo positivo. ¿Por qué no empezar a cambiar el mundo desde lo cercano y lo vivo, desde lo real y lo pequeño? En el árbol, el jardín y el bosque, hemos encontrado las más formidables herramientas a nuestro alcance para emprender esta tarea. Podemos actuar conjuntamente, como aliados y simbiontes en la extraordinaria tentativa de restaurar la Tierra y reconciliarnos con ella. Podemos encontrar así nuestro propio lugar e identidad, como habitantes y células o corpúsculos de ese gran organismo que llamamos biosfera; dentro del inmenso cosmos en el que nos sentimos partículas diminutas y efímeras, pero vivaces y despiertas. En el jardín, la nostalgia y el anhelo del Paraíso se diluyen en la realización del presente. Como escribió Khalilullah Khalili, poeta afgano del siglo XX:

Somos actores y espectadores de la arena
Perplejos ante nuestra obra y la del mundo.
Nosotros, pequeños juguetes en la mano del tiempo,
¡danzamos cada vez que su melodía suena!

Cuaderno de apuntes para un nuevo jardín

Las plantas favoritas de Al Yannan

Las plantas nos nutren física y espiritualmente e influyen de forma determinante en nuestro ánimo. Podemos pasear por una calle rebosante de flores de todos los colores que se asoman a los balcones, o por una avenida arbolada, y aunque vayamos absortos en nuestros quehaceres o preocupaciones, la atmósfera verde y viva que crea la vegetación actúa de mil modos distintos sobre la psique humana, infundiendo un poco de esa paz y alegría que tanto necesitan nuestros entornos «civilizados».

Cuando tomamos conciencia del asombroso influjo que tienen sobre nosotros, empezamos a entender en cierto modo cuánto las necesitamos para generar ese clima saludable y amable que sólo ellas pueden crear, aportando vitalidad y frescura a la oficina triste y gris, o poblando exuberantes vergeles que nutren todas las dimensiones de lo humano.

Presentamos aquí algunas de las especies más apreciadas por su *baraka*, aquellas que mejor cumplen esa otra función esencial de cultivar jardineros y hacernos más humanos a través de su simple presencia, su fragancia y otras bendiciones que cada planta difunde, cuando la utilizamos en la cocina, como remedio medicinal o en las infinitas utilidades que pueden tener nuestras verdes compañeras.

Este ramillete de plantas que aquí te propongo puede ser el alfabeto básico para el inicio de un jardín grande o diminuto. La adquisición de las distintas especies puede hacerse de forma gratuita y pausada como la propia naturaleza. Los árboles y las plantas, puestos de esqueje o semilla, producirán magníficas raíces que ahondarán en el suelo ahorrándonos riegos y cuidados. Los plantones se desarrollarán mucho más saludables y lozanos.

El jardinero es un simple pasajero, que ocupa momentáneamente el espacio con la misión de incrementar la belleza y al mismo tiempo la vitalidad. Es preciso evitar por tanto el despilfarro de agua y recursos, la contaminación por abonos químicos y productos fitosanitarios de síntesis, así como la introducción de especies invasoras.

El proceso de creación del vergel puede convertirse en una tarea que nunca desearemos terminar, por pequeño que sea el territorio. Como el viaje de Ítaca de Cavafis desearemos que el viaje sea largo y sin final...

Allí nos encontraremos, bajo el mismo cielo, sobre la misma Tierra, en el lugar donde celebran su asamblea festiva los jardineros.

ALBAHACA o ALFÁBEGA
(*Ocimum sp.)*

Además de un aroma y un sabor intensos que la hacen útil en la cocina y perfumería, esta planta es muy hermosa y apropiada para jardines ornamentales y tiestos en el alféizar, en terrazas o balcones.

Existen numerosas especies y variedades originarias de la India e Irán, desde donde fueron introducidas a las regiones mediterráneas. Pero en su patria natal, Tulsi, la albahaca sagrada, ha recibido una especial veneración, pues se consideraba encarnación de la diosa Lakshmi y se cultivaba con devoción en la creencia de que bendice los lugares en los que se la cuida. En sí misma la planta era al mismo tiempo una divinidad, un templo o un altar. En nuestro entorno mediterráneo era una antigua tradición regalar una maceta con albahaca a las vecinas, como una señal de amistad, que habría de traer buena suerte a las casas. En muchos lugares del Levante peninsular forma parte además de fiestas y rituales de agosto y era un signo de orgullo y prestigio tener las albahacas muy hermosas.

Cultivo y reproducción

Es una planta anual y por tanto es preciso sembrarla todos los años en primavera, cuando ya ha pasado el peligro de heladas, en tierra fértil y ligera. Pero su necesidad primordial es el agua, que no debe faltarle nunca, especialmente en verano. En Bétera (Valencia), donde el ritual de la albahaca continúa vivo, se siembra el primer viernes de abril, en luna nueva y se riegan las macetas 6 o 7 veces al día, con agua de lluvia o de manantial. En cada tiesto pueden ponerse uno o varios pies.

Puede conservarse también como perenne en lugares cálidos o en interior, si se poda su parte aérea o se ponen esquejes en otoño, de esta forma brotará con fuerza en primavera.

En los países catalanes existe una gran tradición de cultivarla en macetas llamadas albahaqueras, en cuya tierra se hincan unas varillas verticales sobre las que se atan los cordeles que contienen la planta, para evitar que se desparrame al crecer. Pío Font Quer, en su *Dioscórides renovado,* nos trae un depurado secreto de cultivo que consiste en poner en la maceta conchas de caracol vacías, que se van colocando boca arriba intercaladas con capas de tierra. Se llena así el recipiente dejando un vacío en el centro para poner la albahaca, cuyas raíces encontrarán siempre una reserva de agua en los «pocillos caracoleros».

Usos y propiedades

La infusión de sus hojas estimula el apetito y tiene funciones digestivas y tonificantes.

Las hojas picadas sirven para aderezar ensaladas, a veces se maceran en aceite de oliva con este fin. Se usa mucho para aliñar también alimentos pesados como las legumbres, pues facilita la digestión y evita flatulencias. El arroz, la pasta, setas, huevos... se benefician de este poderoso aroma. Va muy bien con el tomate, ya sea en ensalada, salsa o al horno. Y en mil salsas diferentes como el famoso pesto para pasta, carnes y guisotes.

También se ha puesto tradicionalmente en las ventanas para ahuyentar moscas y mosquitos y, con el mismo fin, se colocaba sobre la almohada un ramito de albahaca o se llevaba en un ojal o en el sombrero.

MEJORANA O ALMORADUZ
(*Origanum majorana*)

Emparentado con el orégano, el almoraduz es menos espartano y montaraz que su primo; gusta del calor, los jardines fértiles, las situaciones resguardadas, los delicados cuidados del jardinero. Esta planta originaria de Persia y cultivada desde antiguo por todo el mediterráneo, tiene gustos refinados y su fragancia y sabor son dulces, calientes y especiados. Si se le pregunta a un niño a qué huele la mejorana, al instante exclamará: «¡A pizza!»; e inmediatamente se interesará por esta planta humilde que primero atrae con su floración a las abejas y más tarde a las mariposas.

Cultivo y reproducción

Le gustan los suelos fértiles, bien drenados y ligeros y las exposiciones soleadas. Teme las fuertes heladas y por eso a veces se cultiva en macetas, que se meten en casa al llegar el frío. El calor y la humedad son vitales para esta planta, sobre todo cuando es joven.

Se multiplica muy bien por esquejes, cortando brotes en primavera y enterrándolos hasta la mitad en maceta.

Prenden sin problemas con tal de que no les falte humedad. También puede reproducirse por siembra o dividiendo los pies y plantando trozos de raíz en primavera u otoño. Las matas duran muchos años, pero conviene renovarlas al menos cada 3 o 4 para mantener el vigor.

Usos y propiedades

Recortando las hojas en primavera, brota de nuevo con fuerza y se puede hacer otra cosecha justo antes de la floración. También se recogen en cualquier época las hojas frescas conforme se necesitan. El secado es delicado, pues tiende a enmohecerse con facilidad cuando se coloca amontonada o en lugar poco ventilado. Es importante secarla a la sombra y en lugar bien ventilado para que no pierda su aroma y hay que guardarla en cuanto comienza a ponerse quebradiza.

Por su sabor y propiedades digestivas se usa como condimento para ensaladas, guisos y asados; va muy bien con el tomate en salsas o ensaladas, en sopas, purés, cocidos de legumbres y en todo tipo de rellenos, adobos y conservas.

En infusión se ha utilizado en medicina popular como calmante (2 gr./l.), antes de acostarse, para dormir mejor. También como digestiva (10 gr./l.), expectorante y emenagoga. Asimismo, las hojas secas y el polvo se usan como dentífrico antiséptico.

MELISA O TORONJIL
(*Melissa officinalis*)

Originaria de las riberas orientales del Mediterráneo, se encuentra hoy asilvestrada por doquier, generalmente en las cercanías de huertos y poblados. Tiene un aroma fresco e intenso que recuerda al limón y un sabor muy agradable. Los médicos árabes la utilizaron y tuvieron en gran estima y según el famoso herborista Maurice Messegué de ellos aprendieron los benedictinos su cultivo, tan frecuente en los jardines de los monasterios.

Aún se utiliza en la elaboración de licores de hierbas como el Benedictine o el Chartreuse, y en la elaboración de la famosa agua del Carmen que se emplea como tónico.

Cultivo y reproducción

Puede plantarse en macetas o en plena tierra. Aunque es planta muy resistente, merece la pena esmerarse en su cultivo para que las plantas alcancen todo su esplendor. En el jardín la melisa pone siempre una nota de frescura y esparce su fragancia intensa y agradable, basta un suave roce incluso del viento, para que el aire se sature de este aroma fresco y saludable.

Le gusta la tierra húmeda, pero bien drenada, ligera y fértil. Es ideal una situación cercana a las orillas de arroyos y cursos de agua. Soporta la umbría, pero prefiere exposiciones soleadas o semisombra y en estas condiciones vegeta mejor y su aroma es más intenso. Teme heladas y escarchas por lo que en lugares donde son intensas conviene aporcar o cubrir con hojarasca, paja, compost o mantillo, tras cortar la mata a ras de tierra en otoño.

La multiplicación por siembra se hace en primavera y a principios de verano, y se resiembra con facilidad una vez establecida. También se multiplica por división de mata en verano y por esquejes, que prenden muy bien.

Usos y propiedades

No se usa la planta florida pues adquiere un aroma menos agradable. Se seca en lugar oscuro y ventilado, en capas muy extendidas y se guarda en recinto oscuro o tarros opacos y herméticamente cerrados.

La infusión de toronjil es una tisana muy agradable. En medicina tradicional se ha utilizado para «disipar la melancolía», en casos de crisis nerviosas y depresiones, insomnio, jaquecas, fatiga intelectual... También como remedio emenagogo, digestivo (tónico estomacal y carminativo), y para atenuar las náuseas de origen nervioso.

Sirve además para aromatizar bebidas refrescantes y dar un suave gusto a limón a sopas, ensaladas y salsas de hierbas. Y también para sazonar pescados, setas y champiñones, cremas de espárragos y verduras. Confiere un sabor dulce y suave a macedonias y compotas de frutas, a los zumos, gelatinas, mermeladas y toda clase de postres. Lo mejor es usar la planta fresca y añadirla a los guisos al fin de la cocción, para no exponerla a elevadas temperaturas que menoscaban sus virtudes y aroma.

Para atraer a las abejas se usa la planta machacada o preparados con su aroma o esencia. Se untan las colmenas vacías en primavera, de forma que los nuevos enjambres las encuentren y ocupen. Además, alivia el dolor y la inflamación de las picaduras de abejas, frotando las hojas, de ahí sus nombres tradicionales que en muchos idiomas significan simplemente «abeja» o «planta de abejas».

MIRTO o ARRAYÁN
(*Myrtus communis*)

Especie perenne de hasta dos metros de altura, originaria del Mediterráneo y Asia occidental. El arrayán es el arbusto de los poetas, a juzgar por la enorme cantidad de versos que ha inspirado en todos los tiempos.

Henri Pérès, ha antologado la poesía andalusí sobre jardines y plantas y escogido los mejores versos sobre el arrayán: *...su fragancia, al difundirse serena y alegra el ánimo, lo que puede hacer creer que ha sido cortada en el Paraíso.* Pero si el arrayán alcanza en Granada su máximo esplendor en el Patio de los Arrayanes, en la propia poesía o en la leyenda, los antecedentes hasta llegar a este punto son muy numerosos y multiculturales. Las alusiones bíblicas son numerosas y en el mundo islámico se hace mención con frecuencia al mirto como una de las plantas con baraka provenientes de la bendita tierra de Edén.

En la leyenda griega, a la muerte de su madre, Dionisos pidió a Hades que la liberara y este accedió a cambio de que le entregara algo muy querido para él. Dionisos, entre sus plantas predilectas le cedió el mirto y de ahí provenía la costumbre, de los iniciados en los misterios dionisíacos, de coronarse la frente con mirto. También consagrado a las Cárites (Gracias), a la Musa Erato, a Afrodita y Venus, el mirto ha formado parte de los adornos e ingredientes de todas las ceremonias y rituales de amor de los pueblos mediterráneos. Llama la atención el *giuoco del verde* (juego del ramo), que se hacía en la Toscana durante la Cuaresma. Dos jóvenes partían un ramo de mirto en dos. Cada uno guardaba el suyo y cada vez que se encontraban se decían: «echa tu ramo verde». Si uno de los dos faltaba a esta llamada, su amor se echaría a perder, pero si cada vez los dos tiraban su rama, este amor sería duradero y, el día de Pascua, el juego terminaba con un beso o el casamiento de los enamorados.

Cultivo y reproducción

Se multiplica por acodos o esquejes leñosos en verano. Necesita suelos bien drenados y, aunque soporta la sequía, se beneficia mucho de los riegos estivales. Admite muy bien las podas para darle forma en setos o arbustos aislados, y el cultivo en maceta. En las comarcas más frías conviene resguardarlo de los vientos. Es delicado para los trasplantes, especialmente cuando se trata de plantas de cierta edad, bien arraigadas en el terreno en que crecen.

Usos y propiedades

La infusión de sus hojas tiene algunas propiedades medicinales que antaño gozaron de más prestigio como astringente y antiséptico, y como remedio para algunas afecciones bronquiales o pulmonares. Por otro lado, el arrayán sirvió para aromatizar carnes, añadiendo el polvo de sus hojas secas, de sus bayas o brotes florales. Las flores pueden ponerse en las ensaladas, quitándoles la parte verde y también sus bayas se han comido, quizá más para perfumar el aliento que como alimento. En otros tiempos se usó la hoja molida como desodorante corporal, como una especie de talco astringente para la piel irritada de los bebés y para dar buen olor en bolsitas de hierbas secas.

NARCISO
(*Narcissus sp.*)

Verdaderamente es valeroso el suspiro del narciso en los montes, cuando al fin del invierno despierta horadando el hielo y asoma a la primavera. Este es sin duda uno de los significados más esperanzadores de esta flor temprana por excelencia. Amada por todas las culturas que la han conocido, es emblema de la pura belleza, que en ocasiones se enamora de sí misma; como en el mito de Narciso, el joven que se dejó morir en la propia contemplación. Según Ovidio, en el lugar de su muerte nacería un narciso. También simboliza la muerte y el sueño, y como explica Pío Font Quer, su simple fragancia podría tener verdaderos efectos somníferos y calmantes que ya observaron los clásicos antiguos como Plinio y Plutarco. De ahí la relación etimológica de la palabra narciso con «narcosis», «narcótico»...

Algunos de los más bellos mitos del reino vegetal están protagonizados por narcisos y se refieren a la muerte y el renacimiento cíclico de la naturaleza y a la vida más allá de la muerte. Cuenta la leyenda griega que Perséfone, hija de Zeus y Deméter, estaba a punto de coger un narciso cuando la tierra se abrió y apareció Hades, el dios infernal que la raptó arrastrándola a su morada subterránea.

Deméter empezó a buscarla con desesperación, desatendiendo sus funciones como diosa de los cereales y cultivos. Durante aquel tiempo la tierra permaneció estéril y Zeus intervino ordenando a Hades que liberara a la cautiva. Al fin llegaron a un pacto: Perséfone regresará cada primavera junto a su madre, en la época en que brotan los campos, y durante el invierno, volverá a las regiones infernales. Un mito de gran simbolismo que ilustra muy bien el ciclo vital de la planta: durante la mitad del año ensimismada en un bulbo, bajo la tierra, para brotar de nuevo en primavera.

La poesía andalusí está poblada de narcisos entre los que distinguen tres clases principales: el narciso de los poetas (*bahar*), el junquillo o narciso amarillo (*narjîs asfar*) y el narciso de cangilón o flor de ángel (*narjîs qâdûsi*). Todos ellos son perfumados y han merecido hermosos versos: *Antes de contemplarlo, viene a nuestro encuentro con su fragancia,* dice un poema anónimo recogido por Henri Pérès

Cultivo y reproducción

Existen numerosas especies e infinidad de variedades de cultivo, pero en general exigen suelos ricos, aunque se dan en todas partes siempre que tengan suficiente humedad. El abonado regular es importante y ha de hacerse preferentemente con humus para que las plantas no degeneren al cabo del tiempo y comiencen a perder su vigor y lozanía. Se dan mejor a pleno sol y según las variedades comenzarán a florecer a partir de febrero. La reproducción suele hacerse por los mismos bulbos que crían, junto a los anteriores, cuando vegetan varios años en un mismo lugar; basta entonces desenterrarlos y dividirlos, para aumentar la plantación. La plantación se hace al comienzo del otoño a una profundidad de unos 10 cm. (algo menos para los más pequeños) y a unos 12 cm. de distancia entre pies.

JAZMÍN
(*Jasminum sp.*)

El jazmín reúne en sí todas las esencias del jardín, la belleza, la pureza de su blanca flor, la voluptuosidad de sus tallos, la frondosidad del follaje y, sobre todas estas, el aroma inconfundible e incomparable, capaz de atraer por igual al abejorro y al jardinero, al sufí o al rey, al amante y al amado. Dondequiera que se encuentre el jazmín, ese será el centro, el alma de tu jardín. Aunque desaparecieran todos los demás elementos a su alrededor, se bastaría a sí mismo para incendiar con su fragancia el aire caliente de todo un estío. Desde Córdoba, Sevilla y Granada hasta Damasco o Bagdad, los jardines respiraron un mismo aroma que ha perfumado la poesía, la canción, las leyendas y los paraísos reales o mitológicos.

Se conocen innumerables especies y variedades, en todo caso, recomendamos reproducir las que cultivan nuestros vecinos, en ocasiones desde hace siglos en el mismo lugar. Comienzan a extender su fragancia al atardecer para atraer insectos nocturnos. Si se pone en un vaso con agua un ramito de jazmín con los capullos a punto de abrirse, irán floreciendo durante muchos días y esparciendo su aroma intenso y duradero. Una tradición muy común en los países del Mediterráneo consiste en llevar unas flores a modo de pendientes o colgante, para disfrutar de su aroma. Así se hace desde Túnez hasta Andalucía.

En las noches de Málaga vende sus biznagas el biznaguero: pantalones negros, blusa blanca y fajín encarnado; el oficio aún pervive. Al atardecer sacuden la rama para que caigan las flores y una a una las ensartan por el tubo del cáliz en los radios secos de una umbelífera, llamada «nerdo» o «biznaga» (Amni visnaga) que sirve de soporte. La esfera de jazmines así formada, se hinca por el tallo en una pala de chumbera y la llevan los biznagueros, pregonando el aroma del ensueño. Antonio, el biznaguero más castizo de la ciudad de Málaga nos contaba cómo recoge una a una las flores cuando todavía están cerradas: «En verano se abren antes, hacia las seis de la tarde y hacia las nueve en otoño, en cuanto empieza a llover».

Cultivo y reproducción

El jazmín merece un lugar propio donde sus efluvios no se mezclen excesivamente con los de otras plantas y podamos así gozarlo en toda su pureza e intensidad. En general todas las especies se adaptan a cualquier tipo de terreno y pueden vivir en macetas o jardineras, adquiriendo incluso con poca tierra grandes proporciones. Temen las fuertes heladas y agradecen los abonos orgánicos siempre que estén bien descompuestos. Las mejores situaciones son las soleadas o con sombra ligera y a los trepadores hay que irlos sujetando sobre su soporte, enganchando, trenzando o atando los tallos. Aunque no necesitan la poda, la admiten bien. En cuanto a los riegos son poco exigentes, tan solo en las épocas más cálidas o cuando recién plantados, requieren alguna frecuencia. Además, durante la época de floración, es preferible escatimar el agua para obtener flores más perfumadas.

La multiplicación se hace de manera fácil por acodo, basta enterrar una pequeña porción del tallo verde, en plena tierra o en una maceta, y al cabo de unos meses ya habrá echado raíces pudiendo separarse de la madre. Con mayor dificultad se obtienen también por esquejes leñosos o semileñosos y de semilla.

VIOLETA
(*Viola odorata*)

Entre las distintas especies que encontramos en el campo, tan solo algunas gozan del indescriptible perfume y se han cultivado desde tiempo inmemorial por los jardines mediterráneos por esta sublime cualidad. El resto son mudas de aroma.

Griegos y romanos la utilizaron, al menos desde Hipócrates, como perfume y medicina, confitura e ingrediente de sus vinos, y en la Edad Media se cultivó en los jardines de plantas medicinales.

En la tradición islámica se decía que al Profeta le gustaba su perfume y fue muy cultivada en los jardines de la Córdoba y Sevilla musulmanas. Los jardineros andaluces decían que su cultivo no admite más que agua dulce y limpia y añadía Ibn Luyun refiriéndose a esta planta: *hay que evitar el agua sucia, porque ésta mata no sólo la simiente, sino también la planta.*

Cultivo y reproducción

Requiere una exposición más bien umbría, a la sombra de muros, arbustos o setos. El suelo debe ser rico en humus o se añade compost o estiércol bien maduro. En verano necesitan riegos frecuentes. Conviene despejar en invierno los alrededores para disfrutar de enero a mayo no solo la fragancia sino también la belleza de esta flor.

Es una planta vivaz, que llega a vivir muchos años; se reproduce por semillas y, con mayor frecuencia, por división de mata o estolones.

Ibn Bassal, en su *Libro de Agricultura* aconsejaba: *La plantación se verificará a principio de noviembre, pues de esta manera no faltarán sus flores en dicho año agrícola.* (...) *También puede sembrarse la semilla de la violeta y para ello primeramente cavaremos junto a sus raíces con cuidado, y cuando llegue el momento de sacar las cápsulas o botones lo dejaremos tal cual hasta llegar el mes de agosto; en esta fecha reuniremos dichas cápsulas y recogeremos la semilla.* (...) *La fecha para la siembra de la violeta es precisamente el mes de agosto, sin dilación alguna, puesto que si se dejara para la primavera le afectaría, dada su blandura, el calor, el cual le es contrario.*

Usos y propiedades

La recolección se hace cuando la planta está seca. Se cogen solo las flores y se extienden en lugar ventilado y a la sombra. Tardan al menos una semana en secar y se conservan en tarros herméticos o mejor en saquitos de tela que han de guardarse en sitio fresco, oscuro y seco. La tisana de flores se ha utilizado en medicina popular como expectorante, para aliviar la tos y bronquitis, pero también dolores de cabeza e insomnio.

Las flores se han usado también confitadas, para dar sabor, aroma y color a toda clase de postres. Pétalos y hojas, pueden comerse crudas en ensalada.

Como relleno de almohadas, se dice que la violeta ayuda a conciliar el sueño. Se puede hacer un perfume de violetas casero con los pétalos secos. Se vierte un poco de sal fina sobre una plancha caliente, y cuando está seca, se recoge y se mezcla con las flores. Se conserva en un frasquito de cristal con tapón esmerilado. Puede usarse para perfumar cajones o armarios y como ambientador, vertiendo una pequeña cantidad en un recipiente adecuado. Da un perfume agradable y persistente prolongando la fragancia del jardín.

MENTA O HIERBABUENA
(*Mentha sp.*)

Son numerosas las especies de menta y los híbridos que se producen por la polinización cruzada entre ellas, hasta el punto de diferenciarse a veces con dificultad. Aquí nos referiremos a la tradicional hierbabuena, presente en todos los huertos mediterráneos, cualquiera que fuera su cultura o su fe. Es la *na'na'*, la menta del mundo árabe, y no es extraño que los hijos del desierto hayan escogido esta fragancia; fresca y húmeda, evocadora y sensual como una premonición del paraíso. Un ejemplo del aprecio y usos diversos que ha conservado hasta nuestros días, es el testimonio de la señora Augusta: nos contaba que en su pueblo (Arroyo de la Luz, Cáceres) era costumbre llevarla en la solapa para disfrutar su aroma y se echaba siempre un poco al cocido de garbanzos para darle sabor. Servía también en infusión contra las lombrices.

Cultivo y reproducción

Con frecuencia se cultiva en maceta, dentro de casa o en la ventana, pero necesita riegos frecuentes, sobre todo en verano. En plena tierra tiende a invadir a sus vecinas y es necesario podarla y escardar a menudo, o bien cultivarla en recipientes enterrados que impidan el desarrollo desmesurado de las raíces. Las tierras que más le convienen son las de aluvión, frescas, profundas y ligeras, ricas en humus. En las arcillosas y compactas la esencia disminuye. Crece bien a la sombra, aunque en exposiciones soleadas tiene mejor sabor y aroma.

La multiplicación puede hacerse por esquejes o división de mata, en cualquier estación. Prenden y arraigan con rapidez.

Usos y propiedades

Se recolecta conforme se necesita, o, si es para secar y conservar, cuando está a punto de florecer; normalmente en dos tandas, una hacia San Juan y otra en otoño. Se cortan siempre con tiempo seco para que no enmohezcan. El primer año es mejor dejarla vegetar a sus anchas, cogiendo la mínima cantidad. El secado es delicado, siempre a la sombra y en lugares ventilados, en capas no demasiado gruesas.

Las tisanas de hierbabuena se hacen con 5-6 gr. de hojas o sumidades floridas por taza Se toman por placer y por sus virtudes tónicas y estimulantes, digestivas y carminativas.

El refinamiento árabe alcanza su apogeo en la deliciosa bebida que marca el ritmo pausado de esta sabia cultura. El té se prepara añadiendo una hoja de menta fresca y azúcar. Es esta una bebida social que se emplea con cualquier excusa, en cualquier momento de descanso, encuentro y conversación.

Se usa también para condimentar guisos y verduras, salsas, sopas y tortillas; y en Cataluña, para sazonar las habas.

Las mentas en general son eficaces antisépticos, en el relato de Ovidio se usaba la planta restregada sobre la mesa antes de empezar a comer y también se esparcían sus hojas por el suelo en templos y lugares públicos.

CILANTRO o CORIANDRO
(*Coriandrum sativum*)

De origen mediterráneo y caucásico, se ha cultivado hace más de 3.000 años propagándose por todo el mundo. Prácticamente se mienta en todas las fuentes de la antigüedad: en los textos sánscritos, en los papiros egipcios, en la Biblia y las Mil y una noches o las obras de la Grecia clásica. Pese a todo y a su enorme fama y la extensión de su uso, es posible que el máximo esplendor de esta especia se alcanzara en los platos de al-ándalus, en los que en forma de hoja y grano perfumó y coloreó toda clase de espléndidos manjares. Desde muy antiguo formó parte también de los ingredientes de pócimas, licores y filtros de amor. Lucie Bolens no disimula su preferencia por esta planta: *Reina de la huerta, el cilantro se lleva la palma sobre todas las demás hierbas, el cilantro en hojas y en jugo, que tiñe de verde y que perfuma de una manera irreemplazable. Acuosa, amarga o refrescante,* qilantra *en la traducción árabe de Dioscórides, hoy todavía «cilantro» en español, esta hierba* 'Kuzbara *deja en segundo lugar al perejil* 'makdunis, *venido de Macedonia.* (Lucie Bolens, *La cocina andaluza, un arte de vivir*).

Cultivo y reproducción

De ciclo anual, se cultiva por siembra, desde el momento en que ya no se temen heladas. Necesita sol y terreno más bien ligero y rico. Las semillas se entierran uno o dos centímetros y son de germinación lenta. Suele ponerse en hileras separadas un palmo y cuando nace se entresacan las plantas sobrantes en los surcos, para que queden a unos 5 cm. En lugares cálidos, puede hacerse la siembra, tal como recomendaba Ibn Luyun, durante todo el año: *...pero no así el que se guarda como semilla. Ésta se riega poco y se guarda partida para que no se estropee. Así las conservan las hormigas pues de esta manera no pueden brotar.* Es decir, que las plantas que han de dar semillas se ponen en primavera para que tengan tiempo de madurar, y se riegan menos que las destinadas a recolectar sus hojas. La recolección de estas hojas puede hacerse en cualquier momento; las semillas maduran a partir de agosto, cuando se tornan de color grisáceo. Pueden recogerse de una vez, arrancando la planta entera y dejándola secar colgada boca abajo. Una vez desgranadas se guardan bien secas en un recipiente hermético y se conservan muy bien, mejorando incluso la intensidad de su aroma con el tiempo.

Usos y propiedades

Como condimento se usan las hojas tiernas picadas en sopas y ensaladas. Las semillas molidas se incluyen en mezclas de especias como el curry, pero también, en solitario o con otras hierbas, se usan para condimentar carnes y guisos de toda clase, salsas de tomate, pistos, etc. Pero, sobre todo, se han empleado en repostería para la elaboración de postres de leche y de frutas, pasteles, bollos y tortas... La raíz y los tallos también pueden cocinarse con judías o legumbres o añadirse bien picados a las sopas julianas.

Sus propiedades carminativas y estimulantes de la digestión son un valor añadido para esta especia de sabor y aroma intensos y muy agradables.

HINOJO
(*Foeniculum vulgare*)

Originario de Europa meridional su cultivo se extendió a todas las grandes civilizaciones por sus usos medicinales y culinarios. En una familia de especias y condimentos excepcionales, constituye una de las fragancias y sabores más intensos, a la par que sutiles y equilibrados. Se encuentra a medio camino entre las umbelíferas de las tierras cálidas y aquellas propias de umbrías y humedales; entre la pasión del fuego y la contención del agua. De esta manera sus efectos sobre el sistema digestivo y respiratorio son tónicos, estimulantes, ígneos. Pero al mismo tiempo tiene propiedades calmantes y se utiliza para ablandar y resolver las mucosidades en casos de bronquitis. En la antigua Grecia gozaba de gran estima como alimento sano para los atletas. Los romanos cocinaban ya el hinojo y lo añadían a sus ensaladas o colocaban las semillas bajo las barras de pan a punto de cocerse. Por sus múltiples virtudes, Carlomagno lo consideraba imprescindible para sus jardines imperiales y su cultivo se extendería por todos los jardines de claustro medievales. Se ponía también esta planta en diversas regiones de Europa sobre las puertas o en los tejados para espantar a las brujas o conjurar sus hechizos.

Cultivo y reproducción

Se encuentra silvestre en casi toda la Península, en ribazos y cunetas y puede comportarse como vivaz o bianual. De estas plantas salvajes pueden recolectarse semillas y hojas en lugares no contaminados por la cercanía de carreteras.

El cultivo de esta planta ha generado variedades diferentes en las que se ha desarrollado por selección la parte que se prefiere en cada caso. Así tenemos hinojos ornamentales de follaje muy bello (hinojo de bronce), hinojos en los que la base del tallo o el tallo mismo son excepcionalmente gruesos y se utilizan como hortalizas (hinojo de Florencia e hinojo Carabela), y otros en fin que se cultivan por sus semillas.

Su multiplicación es muy fácil ya sea por semilla o división de raíces, requiere exposiciones soleadas y terrenos bien drenados y tolera bajas temperaturas. Se siembra para obtener semillas a principios de primavera o en otoño. La siembra de las variedades hortícolas puede hacerse en cualquier época del año, aunque no le van bien los excesivos calores. En marzo se reproducen por división de raíz, replantándolas a 30 cm. de distancia. El hinojo puede cultivarse en maceta y pequeños jardines de hierbas, pese a que toma una considerable altura. No debe cultivarse cerca del eneldo para evitar que se polinicen de forma cruzada.

Usos y propiedades

La recolección de sus partes verdes puede hacerse en cualquier momento. Las semillas maduran a partir de septiembre y se recogen en cuanto toman un color verde grisáceo. Se dejan secar en lugar ventilado y a la sombra antes de guardarlas en recipiente hermético. Como condimento tiene usos muy diversos. Con un sabor que recuerda al del anís, se han utilizado las semillas para sazonar carnes, pescados, sopas, salsas, ensaladas, lentejas... y también pasteles, bollos y tortas. Da una especial fragancia a los quesos frescos.

Su agradable sabor permite por otra parte su uso como té digestivo que se ha utilizado también como diurético, vermífugo y en forma de colirio para aliviar los ojos irritados.

ESTE LIBRO SE ACABÓ DE IMPRIMIR EL 12 DE FEBRERO DE 2022 [9 RAYAB 1443, AL YUMA'A], EN VÍSPERAS DE LA FIESTA DE AL KHIDR (EL VERDE), CON LA LUNA EN CUARTO CRECIENTE.